ABCde JOSÉ LINS DO REGO

Bernardo Borges Buarque de Hollanda

ABCde JOSÉ LINS DO REGO

JOSÉ OLYMPIO
EDITORA
Rio de Janeiro, 2012

© Bernardo Borges Buarque de Hollanda

Reservam-se os direitos desta edição à
EDITORA JOSÉ OLYMPIO LTDA.
Rua Argentina, 171 – 2º andar – São Cristóvão
20921-380 – Rio de Janeiro, RJ – República Federativa do Brasil
Tel.: (21) 2585-2060
Printed in Brazil / Impresso no Brasil

Atendimento direto ao leitor:
mdireto@record.com.br
Tel.: (21) 2585-2002

ISBN 978-85-03-01133-4

Capa: HYBRIS DESIGN/ISABELLA PERROTTA
Fotos: ARQUIVO DE FAMÍLIA

Livro revisado segundo o novo Acordo Ortográfico da Língua Portuguesa.

CIP-BRASIL. CATALOGAÇÃO-NA-FONTE
SINDICATO NACIONAL DOS EDITORES DE LIVROS, RJ

Hollanda, Bernardo Borges Buarque de, 1974-
H68a   ABC de José Lins do Rego / Bernardo Borges Buarque
de Hollanda. – Rio de Janeiro: José Olympio, 2012.

    Inclui bibliografia
    ISBN 978-85-03-01133-4

    1. Rego, José Lins do, 1901-1957. 2. Escritores brasileiros
– Biografia. I. Título.

                   CDD: 928.699
12-6673   CDU: 929:821.134.3(81)

Sumário

Apresentação e agradecimentos   7

ABC de José Lins do Rego   11

Cronologia   271

Referências bibliográficas   289

Um ABC é um poema típico da literatura de cordel nordestina, composto de estrofes que se iniciam sucessivamente pelas letras do alfabeto, de A a Z. Em geral celebram feitos extraordinários ou fazem homenagem a personagens relevantes.

Este livro pretende ser um resumo da vida e da carreira literária de José Lins do Rego, com a discussão de alguns dos temas principais de sua obra.

É, assim, uma porta de entrada para ajudar o leitor iniciante.

Apresentação e agradecimentos

[...] ao fundo a ilha / movediça e torta /de nossa infância.

(Mário Faustino, *O homem e sua hora e outros poemas*)

As páginas a seguir convidam o leitor a acompanhar as peripécias biográficas de um escritor talentoso e irrequieto, cujos escritos se ligam intimamente às experiências pessoais e às recordações de infância. Nos zigue-zagues deste ABC, vamos conhecer um pouco do itinerário desse prosador cuja obra ainda hoje permanece intrigante.

O que teria levado José Lins do Rego a se tornar romancista em plena maturidade profissional? Até que ponto sua ficção é uma espécie de confissão, um acerto de contas com o próprio passado? Em narrativa "sem antecedentes na literatura brasileira", como conseguiu juntar o cronista, o memorialista e o romancista numa só obra?

O que os seus ciclos de romances sobre a cana-de-açúcar, o misticismo, o cangaço e a seca nos têm a dizer ainda hoje sobre o Brasil e sobre o povo nordestino em particular? A que tipos populares soube dar vida no plano literário? E de que maneira eles moldaram o próprio imaginário nacional, como um documento/monumento para além da própria literatura?

Este livro é fruto de conversas, entrevistas e de uma pesquisa realizada em bibliotecas do Brasil e da França.

A redação foi iniciada durante meu estágio de pós-doutorado em Paris, no ano de 2009, mais precisamente na Maison des Sciences de l'Homme (MSH) e na Bibliothèque Nationalle de France (BNF); a segunda parte foi redigida no Rio de Janeiro, em momentos alternados, entre 2010 e 2011, como bolsista recém-doutor no Centro de Pesquisa e Documentação de História Contemporânea do Brasil (CPDOC/FGV).

O livro contou com a colaboração de algumas pessoas, a quem gostaria de aqui agradecer. Especialmente à editora Maria Amélia Mello, pela confiança e incentivo constantes.

Em se tratando de um perfil biográfico, o livro se valeu também da valiosa e generosa colaboração dos familiares de José Lins, em particular de suas três filhas: Maria Elisabeth, Maria da Glória e Maria Christina.

O poeta Thiago de Mello saciou, com solicitude e entusiasmo, as minhas curiosidades, mesmo que uma distância transamazônica, por vezes transoceânica, nos separasse.

Maria Cristina Ramos, com sua simpatia baiana, permitiu-me conhecer e entender um pouco mais a relação entre seu pai, Graciliano, e José Lins do Rego, dois grandes amigos.

O contato com a sra. Marina Baird Ferreira, ainda que breve, colocou-me também em proximidade com o clima da geração de seu marido — Aurélio Buarque de Holanda — e José Lins, amigos fraternos desde Alagoas, voltando a se reunir no Rio de Janeiro, no curso dos anos 1930, 1940 e 1950.

Não poderia deixar de agradecer ao cineasta Vladimir Carvalho — simpatia à primeira vista —, pelas longas e prazerosas conversas nas imediações da rua do Catete, local do Rio de Janeiro onde, aliás, José Lins do Rego chegou a morar brevemente.

A a

Açúcar

> A história deste país foi a história do açúcar.
>
> (Gilberto Freyre, *Casa-grande & senzala*)

> O cheiro do mel espalhava-se com a fumaça; adoçava tudo.
>
> (*Meus verdes anos*, p. 44)

José Lins do Rego Cavalcanti nasceu em São Miguel de Taipu, em um engenho açucareiro localizado na vila do Pilar, várzea do rio Paraíba, a 3 de junho de 1901. No alvorecer do século XX, a aristocracia do açúcar, como era chamada a classe de proprietários detentores da cana-de-açúcar no Nordeste, ainda era poderosa, mas a sua principal mercadoria de exportação se encontrava em decadência. Seu avô materno, José Lins Cavalcanti de Albuquerque, foi um desses aristocratas que, a despeito do declínio econômico, manteve o prestígio social e político nas vastas extensões de terra sob seu domínio senhorial.

Após um período de opulência, a produção do açúcar assistiu a uma queda nas duas últimas décadas do século XIX, quando a recessão econômica fez o preço decair no mercado internacional. Se em 1830 o açúcar nordestino equivalia a 30% do mercado internacional, alçando o Brasil à condição de mais rico império açucareiro do mundo, em 1910 ele se reduz a 1%. A concorrência com as Antilhas foi um dos fatores responsáveis pela redução do potencial produtivo para a exportação. No Caribe, o comércio da cana-de-açúcar tornava-se forte em ilhas como Cuba, que se destacava também pela condição de último país do mundo a conservar a escravidão, ao lado do próprio Brasil.

O açúcar de beterraba passava a abastecer os portos europeus, o que também comprometia a demanda pelo produto brasileiro. A monocultura canavieira se fazia presente ainda em áreas distantes do continente americano, como as ilhas de Java e Sumatra, na Indonésia. A interdependência em nível mundial se acirrava, o que gerava o aumento da disputa em torno do produto. Os Estados Unidos, potência imperial que emergia no final do século XIX, entravam em cena na competição praticando o protecionismo em suas *plantations* na Louisiana e no recém-conquistado Havaí.

Mais do que mera conjuntura externa desfavorável, o esgotamento do ciclo açucareiro sinalizava para um lento processo que se operava na economia em escala nacional. Pouco a pouco, a estrutura econômica do Nordeste se modificava, tendo de se adaptar às flutuações comerciais dentro e fora do país. A transformação afetava não apenas a várzea paraibana, mas boa parte de sua área de cultivo nacional, que ia do sul da Bahia até o extremo norte do Pará. A área geográfica conhecida nos dias de hoje como Nordeste se desvinculava da divisão internacional do trabalho e começava a atender às demandas internas de abastecimento agrícola, com a formação de um incipiente mercado consumidor na região Centro-Sul.

A economia brasileira se caracterizara durante séculos por uma condição insular na qual, além do isolamento próprio do mundo rural, se voltava quase que tão somente para o Atlântico e para a agroexportação. Embora tal estrutura se preserve até as primeiras décadas do século XX, sua fisionomia começa a se alterar paulatinamente a partir da segunda metade do século XVIII, com a exploração do ouro nas Minas Gerais, com a transferência da corte portuguesa para o Rio de Janeiro e com os primeiros germes de articulação de uma economia interna.

Os efeitos das mudanças econômicas em níveis nacional e internacional não deixariam de ser sentidos em âmbito regional. Na paisagem nordestina, ao lado do açúcar, um outro produto já concorria internamente na economia local: o algodão. Em Pernambuco, por exemplo, a divisão geográfica assim se operava: o norte — açucareiro e algodoeiro —, com sua economia dual e suas vilas populosas, opunha-se ao monolitismo do sul pernambucano, exclusivamente açucareiro, cujas povoações eram simples anexos dos engenhos de cana.

— 13 —

A queda expressiva do açúcar no conjunto da economia nacional derivava não só da concorrência regional do algodão, mas também da descoberta do látex e do surto da borracha ao norte do país, em particular no Pará, no Amazonas e no Acre. O esplendor dos seringais e as promessas de riqueza na selva amazônica na virada do Oitocentos para o Novecentos vão atrair numerosos contingentes populacionais do Nordeste, notadamente a mão de obra proveniente do Ceará e do Maranhão, que desertava também em função das secas causticantes, a assolar as áreas agrestes nordestinas, com mais intensidade no último quartel do século XIX.

A perda progressiva de espaço dos engenhos de cana-de-açúcar devia-se, sobretudo, ao atraso de suas próprias técnicas de fabricação. Seus métodos antiquados de cultivo remontavam a modos de produção dos séculos XVII e XVIII. O banguê, nome dado a um tipo de engenho rudimentar característico do Nordeste, ainda funcionava à base de energia hidráulica (as azenhas) e de tração animal (os trapiches), na chamada bolandeira, resultado de uma sociedade sustentada durante séculos na monocultura, no latifúndio e no trabalho escravo.

O cronista seiscentista frei Vicente do Salvador relatava em sua época — princípios do século XVII —, a novidade da importação de um modelo de engenho movido à roda-d'água, puxado por uma máquina com cilindros verticais rotativos, predominantes no litoral durante mais de duzentos anos. Assim os engenhos, local de cultivo extensivo do açúcar importado da ilha da Madeira, que já antes das invasões holandesas, segundo Euclides da Cunha, contavam 160 unidades produtoras da Bahia ao Rio Grande do Norte, viriam a ser fonte de romantismo nostálgico na literatura nordestina. Eles permaneceriam intocados até o século XIX e guardariam traços do período da colonização europeia.

A crise do açúcar na faixa litorânea vai levar novos produtores ao rompimento com a estagnação histórica da região. Entre fins do século XIX e início do século XX, a situação crítica do açúcar resultará no surgimento de uma nova classe produtora em nível regional: os usineiros. As usinas, centros mecanizados de armazenamento e de refinamento do açúcar, surgem no cenário do Nordeste, a partir de 1875, como uma forma de fazer frente aos desafios de modernização de engenhos, cujas moendas ainda dependiam da força das águas e das parelhas dos carros de boi. As novas unidades, em contrapartida, vão surgir com maiores índices de produtividade, haja vista a centralização de equipamentos possantes e, em alguns casos, o emprego de energia elétrica.

★ ★ ★

Em 1901, ano de nascimento de José Lins do Rego, havia em Pernambuco, estado do qual a Paraíba era satélite, 1.500 engenhos, contra 40 usinas. Apesar da diferença numérica, em termos produtivos, a supremacia da agroindústria usineira ganhará contornos definitivos no período que se segue ao término da Primeira Guerra Mundial (1914-1919). Os engenhos têm então de contentar-se em ser meros fornecedores de matéria-prima às usinas, que têm sua própria produção agrícola. Dos 102 existentes em 1909 no município de Areia (PB), restam em 1978 apenas 37. Em 1910, contam-se 46 usinas em Pernambuco.

Toda uma organização social se desarticula e põe fim a uma hierarquia artesanal instituída no decorrer dos séculos. O processamento da cana compreendia várias fases, cada qual realizada em uma edificação. A casa de moenda era o local em que a cana era esmagada por cilindros puxados por bois na almanjarra e onde se obtinha seu caldo. Desta, o caldo de cana era enviado por escravos à casa das fornalhas, onde, dividido em fôrmas, o açúcar se cristalizava. Por fim, na casa de purgar a massa cristalizada era "purificada", transformando-se nos chamados "pães de açúcar".

Nesse conjunto, a figura do mestre de açúcar sobressaía, a fim de dar conta das operações necessárias àquela organização. O cronista André João Antonil, em princípios do século XVIII, comentava: "A quem faz o açúcar, com razão se dá o nome de mestre, porque o seu obrar pede inteligência, atenção e experiência, e esta não basta que seja qualquer, mas é necessária a experiência local."

Já nos engenhos de rapadura, diversas especializações do trabalho vão desaparecer: cambiteiro, cevador, virador de banda, bagaceiro verde, bagaceiro seco, mestre de rapadura, foguista e caixista. O término dessas atividades e o fim da escravidão irão constituir os alicerces do processo histórico de um novo ciclo de submissão dos trabalhadores do campo, seguido não raro da sua expulsão das terras, com a proletarização e a migração em massa para os centros comerciais do interior, para as capitais ou para a região Sudeste.

A vitória paulatina da usina faz a produção agrícola voltar a crescer ao longo do decênio de 1910. Em Recife, empório regional e principal ponto de saída do açúcar, os comerciantes ingleses fundam bancos, implantam serviços de água e esgoto, instalam fábricas de vidro e fósforo, organizam companhias telegráficas e criam clubes sociais. Os velhos fidalgos, proprietários de antigas casas-grandes, cujos pais conheceram o fausto, perdem espaço para a classe de empresários, profissionais liberais e investidores dos centros urbanos. No campo, a aristocracia rural é ultrapassada por uma burguesia agrária ascendente.

O triunfo das usinas de açúcar é acompanhado do aumento de sua dinamicidade e de sua maior capacidade de comunicação com os portos litorâneos. Isso não seria possível sem a implantação de uma rede ferroviária que substitui, pouco a pouco, as picadas abertas no mato e as antigas trilhas de transporte por animais. Antes os tropeiros, no lombo de muares ou sobre a canga de cavalos, levavam dias e dias para transportar um produto de uma cidade a outra. A partir de então, o sistema de ferrovias dinamiza os deslocamentos e altera a relação espaço-tempo. Os ramais das estradas de ferro, um dos mais poderosos instrumentos de transformação social do século XIX, vão ser implantados com a entrada do capital estrangeiro no país.

No Centro-Sul, a malha ferroviária é implantada com maior intensidade e rapidez, em razão da necessidade de escoamento da produção de café e do povoamento das regiões de fronteira. A construção de ferrovias é uma importante forma de ocupação do território, com o agrupamento de povoados ao longo dos trilhos, com a facilidade na locomoção e na comunicação.

★ ★ ★

A história da ascensão e queda do açúcar no Nordeste, e na Paraíba em particular, é uma das chaves para a compreensão do poder social e político dos grandes proprietários de terra na economia local. Esse poder vai exercer um forte impacto no imaginário nacional e serve, portanto, para compreender o lugar de onde escreve o escritor José Lins do Rego, cuja família detinha vastas propriedades açucareiras no estado. Síntese histórica de quatro longos e lentos séculos, o açúcar remonta, pois, aos primórdios da colonização do Brasil.

B b

Bubu

> Casa tua filha com o filho de teu vizinho.
>
> (Provérbio da Paraíba rural do século XIX)

José Lins Cavalcanti de Albuquerque, conhecido pelo apelido familiar de Bubu, foi o avô materno de José Lins do Rego. Ele irá exercer uma influência decisiva na imaginação do neto, construída desde as primeiras experiências da infância. O falecimento precoce da mãe e a ausência do pai — João do Rego Cavalcanti deixará o filho em tenra idade, logo após a morte da mulher, Amélia do Rego Cavalcanti, nove meses depois do parto — acentuarão ainda mais a importância da figura masculina do avô.

Dono de seis dos nove engenhos da família — o Corredor, o Itaipu, o Itambé, o Itapuá, o Outeiro, o Gameleira, o Maravalha, o Massangana e o São Miguel —, o *coronel* José Lins foi, por sua vez, herdeiro de uma estrutura familiar e fundiária inaugurada por seu avô, José Cavalcanti de Albuquerque Lins (1786-1870), também chamado por um abreviativo: Num. A genealogia mais ancestral remonta, no entanto, a um marinheiro náufrago, cujo nome era Cibaldo

Linz. De origem alemã, ele vai fundar o tronco dos Albuquerque Lins, no Pilar, e dos Ávila Lins, no município de Areia.

Primeiro patriarca dos Albuquerque Lins no Pilar, casado com Antônia do Monte, Num era oriundo da caatinga, de onde saíra em função dos conflitos de terra. Nascido em 1786, tornou-se um personagem imponente no Pilar, onde viveu até a década de 1870, irradiando seu poder a partir do engenho Itaipu.

O trisavô de José Lins do Rego será responsável por promover vários arranjos de casamento entre seus filhos e as filhas de seus primos dos engenhos vizinhos. Os pais de José Lins do Rego, por exemplo, eram primos em primeiro grau.

Longe de ser um traço exclusivo àquela família, o matrimônio entre consanguíneos foi um ritual bem comum na história do Brasil e naquela região do Nordeste, em particular.

A estratégia do patriarca será preservar a posse da família sobre grandes domínios territoriais, cuja extensão levava semanas para ser percorrida, e transformá-los em valioso patrimônio para os herdeiros diretos. Os netos de Num darão continuidade à construção do latifúndio, com a expulsão de modestos plantadores das vizinhanças e com a legalização das terras apropriadas graças às boas relações com os juízes da localidade. Bubu seguirá à risca o ensinamento do avô.

A presença dos Lins na várzea paraibana ilustra bem, portanto, a tradição nordestina em que famílias nobres tentaram dominar municípios inteiros. Com isso, transformaram o poderio privado em instância decisória na política local, regional e, em alguns casos, nacional.

* * *

Bubu, também chamado entre os próximos de Cazuza, não teve filhos homens e por isso confiou às suas filhas os cuidados do neto órfão. Este foi criado inicialmente por dona Maria Lins, a tia Maria, a preferida entre as seis filhas legítimas do coronel: Amélia, a mãe de José Lins do Rego; Iaiá, a primogênita; Mercês, esposa de um bacharel, moradora do engenho Santo Antônio, que vai falecer ao dar à luz uma criança; Marocas, educada em colégio de freiras, casada com o tio Lourenço do engenho Gameleira, um homem importante na política; e Naninha, a filha caçula.

Além das filhas legítimas, Bubu teve também vários filhos bastardos. Fausto, que trabalhava na moagem da cana, foi um deles. Firmina foi outra, porém aceita e integrada à família. Em seu livro de memórias, *Meus verdes anos* (1956), José Lins do Rego assim a descreve:

> Firmina era filha natural de meu avô. E tinha tudo dele. Alta e forte, não era de muito falar. Na hora precisa contava-se com ela para tudo. [...] Era Firmina quem costurava para os moleques e os homens do engenho. Fazia as calças de meu avô de

brim fluminense e as camisas de algodãozinho dos trabalhadores. Ria-se com todo o corpo e arrotava alto como se soltasse estampidos pela boca. A tia Maria considerava-a irmã. A velha Janoca não era prevenida com ela, dando-lhe tratamento respeitoso. Também Firmina não era de ouvir calada. [...] Gritava, e se viessem com luxos arrumava as malas para ir embora. Aí não a deixavam sair. O meu avô, que não falava diretamente com as filhas, não se continha: "Firmina, deixa de besteira." E Firmina ficava temida e amada (p. 71).

Com o falecimento de Amélia, mãe legítima de José Lins do Rego, o pai, João do Rego, foi morar no engenho Itapuá, onde se casará novamente. Após a morte da filha, Bubu havia dado ao viúvo aquele engenho, o mais fraco de sua propriedade em termos produtivos e financeiros. Com safras abaixo da média, o pai de José Lins do Rego foi então impedido de assumir o comando do Itapuá, transferindo-se para o engenho Itambé e depois para o Camará, onde viverá na pobreza.

Assim como Bubu e Num, o menino atendia em casa por um apelido diminutivo: Dedé. Curiosamente, apenas a tia Maria, considerada uma mãe carinhosa, chamava-o por seu nome próprio.

Enquanto a avó é definida em poucas palavras, sem parecer ocupar maior importância no imaginário do menino, as impressões de José Lins do Rego são extensas, variadas e ambíguas quando se referem ao avô. Bubu era considerado, ao mesmo tempo, duro e doce, bom e mau, poderoso e fraco. A visão acerca do avô vai se modificar ao longo do tempo. À medida que o menino cresce e toma conhecimento de outros fazendeiros e de outras ordens de grandeza, o poder do avô passa a ser relativizado. De início, no entanto, tudo é medido pela imensidão das propriedades de Bubu.

A realidade para Dedé é compreendida inicialmente de uma maneira elementar. Divide-se entre o engenho do avô, de um lado, e as terras que não pertencem a ele, de outro. A imagem inicial de Bubu é a de uma espécie de senhor todo-poderoso, dono ilimitado dos homens e das terras a perder de vista: "O seu primo Quinca do engenho Novo abriu luta com ele por causa do Itapuá, e perdeu na Justiça, porque os juízes sabiam que decidir pelo coronel José Lins era decidir pela boa justiça" (*Meus verdes anos*, p. 76).

Aliás, as patentes de capitão e coronel, atribuídas a Bubu e a muitos senhores de engenho, eram apenas alegóricas e não se relacionavam com qualquer pertencimento direto à hierarquia do Exército, embora o avô guardasse em seu quarto a farda da Guarda Nacional a que ele pertencera na juventude. Tais codinomes revelam, no entanto, o modo de tratamento e o poderio imaginário projetado em torno deles, dentro do que vai ser periodizado historicamente como coronelismo.

Bubu representa, em um primeiro momento, o princípio e o fim de todas as coisas:

Não podia haver nada que não fosse do meu avô. Lá ia o gado para o pastoreador, e era dele; lá saíam os carros de boi a gemer pela estrada ao peso das sacas de lã ou dos sacos de açúcar, e tudo era dele; lá estavam as negras da cozinha, os moleques da estrebaria, os trabalhadores do eito, e tudo era dele. O sol nascia, as águas do céu se derramavam na terra, o rio corria, e tudo era dele. Sim, tudo era do meu avô, o velho Bubu, de corpo alto, de barbas, de olhos miúdos, de cacete na mão. O seu grito estrondava até os confins, os cabras do eito lhe tiravam o chapéu, o dr. José Maria mandava buscar lenha para a sua cozinha no Corredor, e a água boa e doce nas suas vertentes. Tudo era do meu avô Bubu, o Velho da boca dos trabalhadores, o Cazuza da velha Janoca, o papai da tia Maria, o meu pai da tia Iaiá. A minha impressão firme era de que nada havia além dos limites do Corredor. Chegavam de longe os portadores de outros engenhos. Ouvia apitar o trem na linha de ferro. Apesar de tudo, só havia de concreto mesmo o engenho Corredor.

(*Meus verdes anos*, p. 41, 42)

O autoritarismo é um dos traços que primeiro chama a atenção do menino em relação ao avô. Esta faceta autoritária vem, no entanto, sempre seguida de um desagravo, que contrabalança a dureza com o senso de justiça e com a bondade de Bubu para com os súditos. O avô é, assim, o protótipo do "bom patrão", resumido de maneira lapidar em *Meus verdes anos*: "Era assim o meu avô. A sua força morava na sua brandura" (p. 74).

A dimensão patriarcal de Bubu vai ser, pouco a pouco, desconstruída pelo neto. Isto ocorre de maneira simultânea ao deslocamento do olhar em relação ao próprio meio onde cresce. O distanciamento se dará primeiro através das histórias contadas pelos moradores da região, como as de Manuel Chapéu de Couro, que o ajuda a compreender ainda a importância da tradição oral no lugar: "Foi por intermédio dele que vim a saber que havia propriedades distantes que não eram do meu avô. E que havia homens que mandavam mais do que ele" (*Meus verdes anos*, p. 35, 36).

Em seguida, a visita ao centro do município também propicia a Dedé um afastamento físico das terras do avô. A cidade era o polo oposto ao engenho. Ela descortinava novidades para o menino, ainda que este o fizesse conduzido pelas mãos do avô:

> Já via o Pilar como outra entidade que não o engenho. Lá estava o sobrado do comendador todo rodeado de rótulas e vidro de cor. A igreja, o padre Severino, a noite de festa. A Câmara Municipal onde o meu avô me levava para ver o júri. Havia mais alguma coisa que o Corredor.
>
> (*Meus verddes anos*, p. 47)

Sob a guarda de sua terceira mãe, tia Naninha, a segunda por adoção, após o casamento de tia Maria, Dedé passou uma temporada de sua infância no engenho Massangana. A tia encontrava-se frágil fisicamente e precisava revigorar a saúde. Desse modo, foi aconselhada a ficar um tempo na casa-grande onde morava a irmã mais velha. A nova morada permitiu a Dedé o distanciamento do antigo engenho. Distancia-va-se, com efeito, também do avô: "Aqueles meses de

— 25 —

ausência me deram a oportunidade de avaliar o que era o Corredor. Ali gritava o meu avô e a tia Naninha sabia fazer o que era necessário" (op. cit., p. 99).

Certa vez, uma visita causou estranhamento ao neto: "O meu avô apareceu um dia. Nem parecia aquele Bubu do Corredor. Sem a sua naturalidade, sem os brados de comando, não seria o mesmo de lá" (op. cit., p. 131). Com o alargamento de seu horizonte, Dedé percebia como o coronelismo de Bubu também não era único nem onipotente: "Foi aí que eu compreendi ao certo que o meu avô não era o maior de todos os homens. Mais do que ele era a estrada de ferro, mais do que ele era o capitão Antônio Silvino" (op. cit., p. 139).

O poderio econômico do avô não equivalia a um capital cultural. Apesar de ter amigos letrados e de escrever cartas com caligrafia caprichada, segundo testemunha o neto, Bubu nunca lera um livro. A Bíblia era o único livro que havia no engenho. A indiferença se manifestava pelo desprezo à cultura livresca e bacharelesca de outros membros da família: "O meu avô não se importava com o francês das filhas do tio João."

Aos olhos de Dedé, o coronel era rude nos modos e no tratamento, e configurava um tipo de nobreza particular no Brasil:

> De luxo ali só mesmo o vinho que chegava em quintos da Paraíba, o vermelho vinho da França. O meu avô não amava o luxo. A sua cama era de sola, e tudo o que se fazia no engenho era para durar: casa de alicerces profundos, cumeeira de madeira de lei, canoas sem pintura.
>
> (*Meus verdes anos*, p. 75-76)

A conversa era um dos hábitos mais cultivados pelo avô. No alpendre da casa-grande, recebia auxiliares e súditos, como o feitor, o mestre de açúcar, os carapinas e os pastoreadores. Bubu ficava também na cadeira de balanço à espera de visitas as mais diversas: o prefeito, o juiz e mesmo o temido cangaceiro Antônio Silvino. Acolhia, ainda, os donos de engenho das vizinhanças, como o velho Lula de Holanda Cavalcanti Chacon, do Santa Fé, que figurará nos futuros romances de José Lins. Tratava de negócios e conversava sobre safras, preço dos produtos e compra de terras.

Além das conversas de fim de tarde, apreciava também os serões, quando evocava os feitos do passado:

> O meu avô passava a contar as suas histórias. Eram fatos dos antigos da família, episódios da guerra de 1848, da cólera-morbo, das enchentes do Paraíba. Falava com a voz arrastada e contava tudo com os nomes e as datas. Muito falava do seu avô Num, do seu tio Henrique, do doutor Quinca do Pau Amarelo, das lutas do partido na Monarquia.
>
> (*Meus verdes anos*, p. 59-60)

Dentre os casos que narrava, gostava de lembrar também a visita do imperador d. Pedro II ao Pilar. Bubu contava histórias também de seu pai, João Álvares, senhor de engenho como ele, homem de muitas posses e de reconhecida brabeza. Oficial na guerra de 1848 — a chamada Revolução Praieira ocorrida em Pernambuco —, chegou a lutar contra Borges da

Fonseca, jornalista paraibano e liberal que defenderia a implantação do regime republicano.

Embora recebesse políticos e senhores de terra vizinhos que o colocavam a par das novidades, como o dr. Carvalhinho, Bubu não dava importância à política. Seus princípios partidários, herdados dos tempos da monarquia, faziam-no votar a favor dos "conservadores" e contra os "liberais".

C c

Corredor, o engenho

> Deus havia nascido como um homem, no meio dos
> bichos, num estábulo como aquele de seu pai.
>
> *(Riacho Doce*, p. 266)

> — São os carneiros de Deus, comadre, no céu.
>
> *(Fogo morto*, p. 132)

José Lins do Rego passou a maior parte dos primeiros oito anos de sua infância no engenho Corredor. Vistos por muitos como idade da pureza e da inocência, essa idade foi fonte de inspiração para a tradição literária do romantismo brasileiro. Em meados do século XIX, o poeta Casimiro de Abreu (1839-1860) retratou essa fase da vida em um famoso poema. Lírico e nostálgico, seu título é justamente *Meus oito anos*:

> Oh! Que saudades que tenho
> da aurora da minha vida,
> da minha infância querida
> que os anos não trazem mais!

Que amor, que sonhos, que flores
naquelas tardes fagueiras,
à sombra das bananeiras,
debaixo dos laranjais!

Casimiro de Abreu escolheu a poesia para evocar esse momento da infância, enquanto José Lins do Rego se valerá da prosa para a evocação dos seus verdes anos. Há, decerto, uma grande distância entre os dois autores, não apenas de geração e de escola literária, como do próprio conteúdo de cada uma das obras. Na abertura de seu livro de memórias, *Meus verdes anos*, José Lins do Rego deixava claro seu desejo de não romantizar a realidade vivida naqueles primeiros tempos. Em contraste com as "borboletas azuis", o romancista paraibano dizia: "Em meu caso as borboletas estiveram misturadas a tormentos de saúde, a ausência de mãe, a destemperos de sexo. [...] A vida idílica se desviava em caminhos espinhentos" (p. 17).

Mesmo em sua obra de ficção, o desejo de se diferenciar de uma certa concepção romântica se manifestava. Em uma das várias passagens do seu romance de estreia, *Menino de engenho* (1932), o autor-narrador testemunhava em primeira pessoa: "Enquanto os canários vinham e voltavam, eu me metia comigo mesmo, nos meus íntimos solilóquios de caçador" (p. 86).

A saúde precária e o medo da morte foram fatores que abalaram a infância do menino. Quando criança, José Lins enfrentou frequentes crises de asma que o afastavam do convívio social e o colocavam na cama por dias seguidos. Nas ocasiões em que ficava doente, a ausência materna era ainda mais sentida. O medo de morrer, que acreditava ser herança genética do avô, se deveu em grande parte ao impacto de ter assistido a uma série de fatalidades: o falecimento da mãe; a morte da tia Mercês durante o parto; a perda prematura dos primos Gilberto e Lili, ambos criados ao seu lado no Corredor.

Em uma frase, o próprio resumia: "Era a morte que me cercava."

José Lins do Rego guarda a lembrança de ter sido uma criança triste, porque solitária. A transposição dessas recordações para a ficção contribuirá para retirar do plano literário a aura imaculada em torno dessa fase da vida, idealizada por muitos escritores. A representação da criança se dá, num primeiro momento, através de um distanciamento em relação ao romantismo ingênuo de Casimiro de Abreu.

Junto aos "tormentos de saúde", o sentimento de solidão se deu mesmo tendo crescido na companhia de muitos parentes. Rodeado por uma família extensa, o menino viveu às voltas com um sem-número de tios e tias, primas e primos, que vinham do Recife ou dos engenhos vizinhos para visitá-los.

De tempos em tempos, o avô e as tias retribuíam a visita. Dedé passava então temporadas em terras das redondezas, como no engenho Massangana. Durante o carnaval, ia para a casa do tio João Lins, em Recife, quando tinha a oportunidade de assistir ao entrudo, ou para a capital paraibana, época em que segundo ele, João Pessoa ainda era "uma cidade de bondes de burro e de carroças".

Apesar dos "íntimos solilóquios", o menino órfão cresceu cercado não só de parentes, como também de inúmeros agregados da família patriarcal, à sombra da autoridade do avô. Mais tarde, já no engenho Ingá, a autoridade masculina vai se transferir para o padrasto Rui, do qual não lhe ficaram boas lembranças. Casado com Naninha, sua segunda mãe adotiva, Rui fará o menino sentir aquilo que ele chama de "exílio" do Corredor, despertando um tema que será recorrente em seus romances: a fuga.

No Corredor, entre os criados e agregados que viviam à sua volta, José Joaquim será uma exceção, companhia que vai marcar o menino. Vindo do engenho Ingá, o "negrinho manso", como lembrava José Lins, tinha 14 anos e gostava de passarinhos. Sabia histórias de Trancoso — contos fabulosos transmitidos oralmente —, tomava conta das vacas de leite e cuidava dos cavalos da estrebaria.

Outra presença marcante foi Ricardo, também moleque do pastoreador, que se tornará o grande amigo de Dedé. Filho de Avelina, uma das negras da casa-grande, Ricardo vai mais tarde protagonizar um dos romances de José Lins. A grande admiração pelo amigo fará com que o escritor o descreva como alguém dotado de uma vitalidade invejável. Em consequência, contrastava a sua própria fraqueza com o vigor do moleque:

Comigo ficava o moleque Ricardo. Ricardo podia levar sol e chuva e nada sucederia, tomava banho de rio, montava a cavalo, tinha pontaria no bodoque e sabia assobiar como o concriz, comia fruta verde sem susto. Admirava o moleque Ricardo e o colocava em plano superior aos outros. Podíamos ter seis anos de idade.

(*Meus verdes anos*, p. 56, 57)

Além dos parentes, então, José Lins do Rego conviveu livremente com esses moleques da bagaceira. As mães deles eram as criadas do avô ou foram outras figuras muito importantes. Chamadas de "negras da cozinha", muitas delas saídas das senzalas, eram remanescentes dos tempos da escravidão. Três delas tinham vindo direto da África — Vovó Galdina, Maria Gorda e Romana. Amas de leite, cantoras e contadoras de histórias, elas eram "as africanas do meu avô".

Outras provinham de regiões do interior de Portugal, e se tornariam igualmente responsáveis pelos serviços domésticos na casa-grande. A proximidade com o universo dessas agregadas vai influenciar de maneira particular o menino, através dos "causos" contados por elas sobre o passado da região e sobre a história de sua própria família.

O menino Dedé vai crescer também em meio a diversos tipos populares que moravam no engenho. Entre eles carreiros, vaqueiros, violeiros, bicheiros, tiradores de leite, mestres e artesãos de ofício. Estes se dividiam nas diversas tarefas e etapas de fabricação do açúcar, de plantio da terra e de amanho do gado. Mestre Francelino, que produzia o açúcar mascavo na casa de purgar; João Miguel, que fazia a destilação da aguardente; Fausto, que ficava responsável pela máquina de moer a cana; ou Cândido, que trabalhava na casa das caldeiras, estão entre os nomes que ficaram gravados na lembrança do escritor pelo resto da sua vida.

Fora os sitiantes do engenho, havia ainda aqueles que estavam apenas de passagem, como os mercadores, os boleeiros, os cassacos da estrada de ferro, os mascates, os fregueses e os caixeiros-viajantes em direção das feiras do Pilar, de Itambé e de Itabaiana, onde se comerciavam farinha, mel de furo, tapioca, entre inúmeros outros produtos. Dentre os que passavam pela localidade, destacavam-se também as figuras temidas, tais como cangaceiros, contrabandistas de aguardente e feiticeiros.

Egressos do sertão, cantadores de feira, como o cego Torquato, ou o trovador José Passarinho, que viria a ser personagem de *Fogo morto*, atravessavam a estrada. Entre os habitantes da localidade, a lendária velha Totônia trazia e levava histórias, espalhando boatos sobre santos, beatos, milagres, bandidos, "volantes", lobisomens e casos misteriosos que vão alimentar a imaginação do menino.

★ ★ ★

A experiência da infância em José Lins do Rego não será apenas de carência e orfandade. Ao lado da melancolia e das desilusões, o menino vivencia todo o encanto com o "poder mágico" e "mitológico" da natureza.

José Lins reteve em suas memórias cenas singelas, ainda que efêmeras: o azul do céu, o cheiro dos jasmineiros, a cantoria dos pássaros... lembranças de um menino que passeou pelos campos e que tomou banho no Poço das Pedras, um dos recantos do rio Paraíba, todo cercado de mata verde, que permitiu a ele desfrutar também o frescor das plantas — "o cheiro gostoso da flor do caju chegava até longe" — e provar o sabor das frutas nos pés de laranjais, mangueiras, sapotizeiros, goiabeiras, tamarineiras, pitombeiras e limoeiros.

Dedé pôde ainda assistir aos folguedos realizados nas festas da região, com comidas típicas como cuscuz, milho cozido, angu e macaxeira. Os doces eram seus pontos fortes, em especial as canjicas, as cocadas de leite e as saborosas pamonhas feitas pela negra Generosa. Os dias de casamentos estavam, sem dúvida, entre os eventos mais importantes na localidade, com igual direito à fartura de banquetes e aos festejos característicos do interior nordestino.

Dessa forma, se a recordação da infância pretende não sublimar, mas revelar toda a experiência da angústia e do sofrimento, ela é igualmente portadora de uma atração quase obsessiva pelo passado e pela imagem do menino. Nesse recuo temporal, os primeiros contatos com a terra são de suma importância:

O retorno aos campos nativos me dava outra vida. Chiavam os carros carregados de cana madura, as cajazeiras espalhavam frutas pelo chão, de cheiro tão forte que nos enchia a boca d'água. E os moleques me cercavam de agrado. Ainda corria água no rio. Tínhamos assim remanso nos poços.

(*Meus verdes anos*, p. 137)

Além dos moleques Ricardo e José Joaquim, as principais companhias do menino Dedé serão os bichos da região: um carneiro, no engenho Corredor, e um passarinho, no engenho Ingá.

O primeiro fora presente do velho Manuel Viana, amigo do avô, o mesmo cujo neto, Valdemar, virá a ser a primeira amizade de José Lins fora do engenho. O carneiro chamava-se Jasmim e será o companheiro nas "cavalgadas" de Dedé. Espécie de cavalo em miniatura, o carneiro será sua companhia para os passeios pelo engenho do avô:

Deixavam que eu saísse de estrada afora em passeios de montaria que esquipava comigo pelas veredas. Subia e descia caminhos nas costas do meu branco carneiro mansinho [...]. Sentia-me quase que homem no manejo das rédeas, podendo parar onde bem quisesse. E via as coisas com outra visão. Pela primeira vez começava a olhar as borboletas, a ver as flores do campo, a sentir o cheiro da terra. [...] Lá ia o carneiro de passo baixeiro por debaixo das cajazeiras. Tomava sempre pelo canto da estrada com medo dos cargueiros. O capim verde roçava-me nas pernas enquanto fazia a minha viagem vespertina.

(*Meus verdes anos*, p. 143)

— 36 —

Já o canário tinha por nome Marechal e havia sido um presente de José Joaquim, quando este resolve fugir do engenho:

> Era o meu canário uma obra-prima de Deus. Acordava com os seus cantos. Estalava nos gorjeios, vibrava ao sol, com os albores da madrugada. Corria da cama, ia mudar a água de seu cocho, deitava alpiste na gavetinha. A princípio não se acomodava com o calor da cozinha. Depois passava a saltar de um lado para outro, como se estivesse em ginástica matinal. E cantava. Enchia-me a alma aquela maravilha da criação. [...] A minha vida passou a girar em torno do canário. Comprava-lhe alpiste e minha tia me deu uma gaiola comprada em Itabaiana. Não saía de casa só para ouvir o bichinho na cantoria. Dormia bem guardado na cozinha. Tinha medo dos gatos. A minha alegria não tinha tamanho. [...] Cantava o dia inteiro. À boca da noite os seus trinados se adoçavam. Sentia sem dúvida a ternura da hora e as tristezas do crepúsculo. Cantava as suas despedidas. Passavam os enterros dos anjos, caixõezinhos azuis, com meninos com braçadas de flores em fila de dois em dois. O meu canário cantava para o filho amado de Deus, para aquele que procurava o regaço paterno no verdor dos anos. Cantava para os anjos, para os presos, para os vivos e para os mortos. Não o deixava por debaixo das árvores, não o queria ao calor do sol e à friagem do sereno. Queria-o perto dos meus olhos, longe de todos os perigos...

> (*Meus verdes anos*, p. 186, 187)

A narrativa recupera, desse modo, momentos simples, sugerindo um espaço quase paradisíaco, espécie de Éden que tem, porém, a consciência trágica da perda ou expulsão:

> Naquele jardim, no meio das rosas, mudando plantas, aguando a terra, não queria saber de mais nada. Seria somente ela quem teria coração, quem teria olhos para ver, ouvidos para ouvir, que era a ruína do Santa Fé. O engenho na última safra quase que não moera por falta de animais. [...] O pé da pitombeira, as touceiras de bogaris, aqueles cardeiros de flores encarnadas, o chiqueiro dos porcos, a estrada coberta de cajazeiras, tudo teria que deixar, tudo estaria perdido para ele.
>
> (*Fogo morto*, p. 242, 255)

A busca do paraíso perdido será constante na sensibilidade artística, como a de um anjo errante, caído na terra. No memorialismo do escritor, apesar das carências e tristezas, vivenciou-se uma nostalgia da infância: "Sempre de manhã a minha tia Maria me acordava para tomar leite ao pé da vaca. Nas manhãs de sol o curral dos animais de manjedoura se enchia de trabalho."

O amor é outro sentimento que, ao lado da natureza, brotará com certa precocidade. De início, ele estará associado ao círculo familiar. As primeiras recordações do amor relacionam-se a uma prima vinda da cidade. A sua pureza se revelava em descrições idílicas:

Mas o meu coração começava a bater pelo amor. Era de fato amor aquela vontade de olhar sempre para a prima de cabelos pretos. [...] Nem me lembro de seu nome. Sei que andávamos pela horta de frutas. Havia uma jabuticabeira que não crescera para o alto e se deitava pelo chão, acocorada, com os galhos fazendo uma camarinha de folhas secas. Entrava ali com a prima à procura de comer os frutos macios e doces. No sombrio daquele recanto reparava na beleza da companheira da cidade.

(*Meus verdes anos*, p. 67)

Quando a prima regressa à capital, ela se tornará a "primeira saudade" de Dedé. Na obra ficcional de José Lins, ela será retratada como a personagem Maria Clara, que representa justamente a menina da cidade. Em seguida, Pérola será outra moça a despertar o amor de Dedé ainda em tenra idade. Órfã como ele, procedente do engenho Maraú e sobrinha da segunda mulher de Sinhô, que era o pai de Rui, padrasto de José Lins, a moça é assim descrita:

A vida na casa de Sinhô era mesquinha como em casa de pobre, mas havia lá dentro a bela Pérola. De corpo esbelto, tinha os olhos verdes e me olhava com uma doçura sem igual. Pérola, como encheste a vida de tudo que me arrasaram as desgraças de menino sem alegria! [...] Olhos da cor do mar, olhos que matavam e faziam chorar. Pérola, a morena estaria olhando de cima do sobrado a lua que se derramava em prata por cima dos galhos do tamarineiro. [...] E pudemos ficar a sós. Naquela paz da

— 39 —

tarde nem o canto dos pássaros soava para mim. Os olhos verdes de Pérola, as mãos de Pérola, os cabelos anelados de Pérola, tudo me arrastava...

(*Meus verdes anos*, p. 166, 170, 181)

A ficção conhecerá várias personagens femininas por quem o narrador se apaixona, como a prima Maria Alice em *Banguê* e Maria Augusta, filha de Juca, em *Usina*, respectivamente:

Falava com facilidade numa voz doce. Mais doce ainda no meio das exclamações e das palavras explicadas demais das primas. Tinha uns olhos maravilhosos. Fechava-os quando sorria. E que dentes e que boca mostrava nas suas risadas (p. 65).

Maria Augusta, com aquele seu cabelo ondeado e um pouco esbelta, flexível e com seus cabelos castanhos, parecia uma princesa de pés no chão pela beira do mar (p. 127).

A idealização amorosa será, porém, logo desfeita. Enquanto o amor aflorou no seio familiar, graças à visita da prima da capital ou às parentas dos engenhos vizinhos, os mistérios do sexo serão desvendados pelos mesmos moleques e pelos trabalhadores do eito, que contavam histórias de suas experiências de iniciação sexual. Nesse processo, a proximidade com bichos como vacas, galinhas e cabras fazia com que esses fossem objetos "naturais" para aquele tipo de iniciação masculina.

— 40 —

Depois de Pérola e da prima, uma moça originária de Cabedelo mostrará ao menino como o seu "coração de 8 anos agora se arrebatava com mais violência". Mais que o amor, um fogo estranho e abrasador tomará conta do rapaz: "Eugênia! Que saudades me ficaram daqueles instantes de alumbramento! Fogo de carne que ainda hoje me queima como brasa."

Zefinha, Zefa Cajá e Marta eram outras mulheres "fogosas" da região, comparáveis às lúbricas personagens de Jorge Amado. A primeira morava em frente à casa-grande do Corredor. Casada com Liberato, um trabalhador local, era vista pelas tias de José Lins como uma "rapariga de boca de rua". Dizia-se ter vários amantes e era, portanto, condenada moralmente pelas tias de José Lins. Dedé, porém, não a via assim:

> Gostava de vê-la na janela. Aquele seu sorriso de dentes brancos, aquela alegria, as risadas altas, me davam a sensação de encontro com o estranho, com o que nunca vira. Não eram mais as meninas, aqueles botões que me roçavam o sexo com os primeiros albores do instinto. Zefinha enchia-me os olhos, invadia-me o corpo inteiro.
>
> (*Meus verdes anos*, p. 160)

A segunda moça, Zefa Cajá, nascera no Corredor. Parda de cabelos curtos, ela era filha de ex-escrava com um branco. Segundo se contava, Zefa havia arruinado a vida de um soldado: "Tem fogo de assentamento por debaixo da saia", dizia-se. Já a terceira moça, a negra Marta, era uma das criadas da casa-grande. Filha de Avelina e irmã do moleque Ricardo, ela fará a iniciação sexual de José Lins: "A negra me arrastava para as suas pernas e se esfregava em mim, despertando as minhas verdes concupiscências. Punha-me a serviço de todas as suas volúpias desenfreadas."

Tais experiências com figuras femininas irão repercutir igualmente na criação ficcional, seja com Carlos de Melo seja com Ricardo.

Era assim forçoso concluir, ainda que ficcionalmente: "No engenho, o amor foi para ele uma experiência dura, deixando-lhe o corpo marcado com os seus dentes."

D d

Diocesano Pio X

> O colégio. Sempre me ameaçavam com essa palavra...
>
> (*Meus verdes anos*, p. 143)

José Lins do Rego foi matriculado no colégio interno em 1909, para fazer o curso primário. Então com 8 anos de idade, o ingresso na escola foi um acontecimento muito marcante na sua formação. O afastamento do engenho representou um grande desafio: arredar-se do ambiente provinciano em torno do qual vivera e estabelecer novas relações fora do universo doméstico. A ruptura com a vida rural, e, por extensão, com sua tradição oral, foi então posta à prova, com a passagem difícil e dolorosa para o mundo urbano da escrita, dos livros e da "cultura letrada".

A possibilidade de ir para o internato já era especulada havia algum tempo entre os parentes, sobretudo pelo padrasto. Vista pelo menino como uma ameaça recorrente dos familiares, a entrada no colégio interno era quase um destino natural para uma criança sem lugar definido na família.

— 43 —

À medida que as tias se casam e que têm seus próprios filhos, a escola da cidade vizinha de Itabaiana passa a ser a solução mais conveniente para o menino, que começava a se tornar um rapazinho.

Se o contraponto literário de José Lins do Rego durante a fase do engenho foi Casimiro de Abreu, as experiências na escola encontram paralelo na literatura brasileira com uma obra fundamental: *O Ateneu*. Essa ficção, escrita por Raul Pompeia (1863-1895) e publicada pela primeira vez em 1888, recria as lembranças de colegial em um internato no Rio de Janeiro, o Colégio Abílio, onde o autor estudara na adolescência.

O romance constituiu uma das obras realistas mais importantes no Brasil do final do século XIX, com pesadas críticas à hipocrisia e à corrupção das instituições imperiais, nas vésperas da proclamação da República. As palavras finais do romance *Menino de engenho* têm um significado especial nessa aproximação, pois aludem de maneira explícita a *O Ateneu*. Elas são reveladoras da nova etapa em que ingressava José Lins do Rego:

> Aquele Sérgio, de Raul Pompeia, entrava no internato de cabelos grandes e com uma alma de anjo cheirando a virgindade. Eu não: era sabendo de tudo, era adiantado nos anos, que ia atravessar as portas do meu colégio. Menino perdido, menino de engenho.
>
> (*Menino de engenho*, p. 141)

Apesar das diferenças de fundo psicológico entre cada uma das personagens, a menção explícita ao romance de Pompeia, que José Lins vai ler aos 15 anos, é sugestiva. Tal como *O Ateneu*, narrado em primeira pessoa na voz de Sérgio, projeção fictícia de Raul Pompeia, o Carlos de Melo do ciclo da cana-de-açúcar também resultará de uma mescla de autobiografia e invenção ficcional. Como sucedeu na comparação com Casimiro de Abreu, a referência ao escritor Raul Pompeia colocava mais uma vez em questão a despedida da infância — o adeus à pureza e à inocência —, seguida pelas transformações iminentes da transição para a adolescência.

Além das dificuldades de adaptação ao novo meio, a falta do engenho Corredor se aguçou ainda mais dentro do colégio. A escola era associada a uma prisão, a um lugar opressor por excelência. Enquanto o engenho do avô simboliza a liberdade perdida, o internato foi percebido como uma instituição carcerária, um universo à parte, feito de vigias e vigilâncias. Se no engenho havia figuras autoritárias, como o próprio avô e o padrasto, no internato elas são ainda mais severas, destituídas de qualquer traço de bondade ou compaixão.

O professor Maciel vai encarnar esse papel, fazendo as vezes de algoz do colégio, terror dos alunos, um personagem com ares tirânicos incontornáveis, a ser recriado posteriormente na pena do romancista. Diga-se a esse respeito, a palmatória e os castigos físicos eram hábitos correntes nas escolas brasileiras do início do século XX, e o internato de Itabaiana não fugiu à regra. José Lins vivenciou-os no próprio corpo, com punições corporais e interrogatórios que ampliavam essa percepção do mundo hostil e intimidador dos adultos. Tratava-se de uma violência não apenas física mas também moral, aplicada a cada arguição malrespondida.

Em primeira pessoa, o protagonista-narrador de *Doidinho* dizia: "Chorei ali, no meio dos tamboretes, a infelicidade de não ter uma mãe e um pai que se lembrassem de mim, que dormissem sonhando com a volta do filho para casa" (p. 129).

A crueldade impiedosa dos companheiros de classe foi outro aspecto que ficou retido nas lembranças do autor. O apelido Doidinho foi dado naquele internato. Os colegas sabiam de sua orfandade e tripudiavam dele por causa disso. Como não tinha pais, não era considerado um menino "normal", segundo os mais cruéis da turma. Essa condição ampliava ainda mais a sua solidão, seguida de noites de choro compulsivo. Os poucos amigos que tinha, entre eles Aurélio e José, não escapavam à chacota, sendo apelidados de Papa-figo e Coruja.

As humilhações eram feitas com insistência pelos alunos mais velhos e mais fortes, a ponto de o personagem Carlos de Melo se interrogar, de maneira indignada, a respeito daqueles sucessivos atos de covardia: "Por que se mostravam tão ruins assim meus colegas? Abusavam dos mais fracos, dos mais infelizes, dos mais atrasados" (*Doidinho*, p. 178).

Diante das judiarias que sofria, concluía: "As coisas do mundo estavam reduzindo as minhas admirações de menino" (op. cit., p. 137).

★ ★ ★

Antes de entrar no internato de Itabaiana, José Lins do Rego já recebera as primeiras lições de cartilha e tabuada no engenho. O menino frequentara a escola pública do Pilar, na companhia dos criados da casa-grande, como Marta, filha de Avelina. Seu primeiro professor foi o doutor Figueiredo, um forasteiro que passara a habitar o Corredor a pedido de um político da cidade. Embora não tivesse diploma de professor, Figueiredo se dispôs a ensinar José Lins. Sem paciência, no entanto, descompensava contra a criança a cada sabatina malrespondida: "— Nunca vi menino mais burro do que este!"

Em virtude disso, desde cedo as dificuldades de aprendizagem se manifestaram em José Lins, sob a forma de incapacidade individual, e se transformaram em um verdadeiro complexo. A severidade dos mestres tornava-se mais uma barreira para a aprendizagem. Recordava, no entanto, que a sucessora de Figueiredo nas primeiras letras, a professora dona Donzinha, o havia tratado feito um "príncipe". Dona Donzinha representava na escola a figura materna, com o afeto e a doçura de que era tão carente no engenho.

Nossa Senhora do Carmo era o nome do colégio interno de Itabaiana onde José Lins cursou o primário. A criação de uma instituição escolar naquele município era bem recente, datava da década de 1880, mas a importância do internato pode ser avaliada pela presença de outros homens de letras que passaram por ali.

José Lins do Rego passará ao todo três anos naquele internato. Nos feriados religiosos, nas datas festivas nacionais e nas férias escolares ao final do ano, ele podia, após longa espera, retornar ao engenho do avô. Em tais ocasiões, a sensação de liberdade era novamente saboreada, podendo rever os familiares e reencontrar os moleques de bagaceira, embora as diferenças entre estes e os companheiros de escola fossem cada vez maiores.

★ ★ ★

Aos 11 anos, o engenho ficará ainda mais distante para o rapaz, não apenas do ponto de vista sentimental. Depois de terminar o primário no instituto de Itabaiana, José Lins foi enviado à capital paraibana, a fim de ingressar em um outro internato, onde dará prosseguimento à sua formação escolar.

De certa maneira, o internato na Paraíba foi uma continuação do ensino que recebera no instituto de Itabaiana. Ambas as instituições tinham em comum uma orientação com princípios religiosos. O Diocesano Pio X fora fundado e dirigido por irmãos maristas, ordem católica que chegara ao Brasil em 1897, na condição de adeptos dos ensinamentos do sacerdote francês são Marcelino de Champagnat (1789-1840).

Talvez por isso José Lins tenha tido uma sólida base de ensino religioso, que se manifestará, com maior ou menor grau, em cada uma das futuras obras literárias. Se as primeiras noções de catecismo a José Lins do Rego haviam sido dadas no Instituto Nossa Senhora do Carmo, a educação cristã vai ganhar então ainda mais solidez na sua formação após sua entrada no Diocesano Pio X.

★ ★ ★

José Lins frisou, em seu livro de memórias, as dificuldades de aprendizagem. Mas, pouco a pouco, é possível dizer que a vivência dolorosa se transformou em prazer. Este foi associado às descobertas proporcionadas pela leitura. Além das aulas de Religião, tinha as matérias de Aritmética, História e Gramática, no internato de Itabaiana. A Geografia foi uma das disciplinas que mais despertou seu interesse. Com ela, conforme confessava ficcionalmente em *Doidinho*, "o mundo crescia para mim".

O conhecimento das ordens de grandeza e das dimensões do mundo era obtido não somente através das aulas, mas, sobretudo, por meio de uma das novidades técnicas oferecidas pela vida moderna que chegava às cidades, depois de inventada no final do século XIX: o cinematógrafo. Na época do colégio, como recorda, foi instalada em Itabaiana uma sala que exibia filmes da Pathé, empresa francesa fundada em 1896. O cinema, diga-se de passagem, virá a ser uma das predileções de José Lins do Rego, quando já adulto, residente no Rio de Janeiro.

Ainda na voz de seu alter-ego, o estudante Carlos de Melo, rememora o papel pedagógico da sétima arte no Brasil do início do século XX:

> A verdade, porém, era que o cinema nos educava, mostrava-nos cidades da Europa, terras coloridas da Itália. Lá estava Florença, a terra do Pequeno Escrevente Florentino. O Arco do Triunfo de Napoleão em Paris. Roma, com igrejas grandes. Gênova, donde Marcos saíra para a sua viagem.
>
> (*Doidinho*, p. 176)

Pouco a pouco, assim, a dificuldade crônica de aprender começou a se converter no gosto de ler. Em princípio, a literatura foi uma maneira de compensar o isolamento e a sensação de abandono vivido na escola. Paulatinamente, ela passa a se transformar em um hábito prazeroso, capaz de alargar os horizontes de sua "pobre imaginação de penitenciário".

Ainda no internato de Itabaiana, há uma obra marcante em sua formação: *Os doze pares de França*. Esse livro, um dos clássicos da poesia épica de cavalaria da Idade Média, foi escrito no século XI e consta das famosas *Canções de Rolando*. Narrado por um dos membros da cavalaria, conta a história das batalhas travadas pelo imperador francês Carlos Magno e por seus leais cavaleiros na luta contra as invasões mouras na Europa medieval.

O contato com essa obra no internato paraibano será um marco, só ultrapassado pelas histórias da velha Totônia no engenho Corredor.

A familiaridade com a leitura se intensificou daí por diante nos demais estabelecimentos de ensino pelos quais o adolescente passou. Logo o cultivo das letras se desdobrou nos contatos iniciais com a escrita e com a redação dos primeiros textos.

No colégio da capital paraibana, onde José Lins morou por mais três anos, de 1912 a 1915, o aluno assinou um precoce artigo, publicado na *Revista Pio X*. Ele tinha por tema Joaquim Nabuco (1849-1910), jurista e político então recém-falecido, autor de *Minha formação* (1900), retrato importante da nostalgia da infância em um engenho do Nordeste.

A imagem do abolicionista Nabuco, ardente defensor da libertação dos escravos, impressionou o estudante, ainda bem rapazinho. A propósito disto, José Lins atribui os germes da sua conscientização social ao hábito da leitura: "Os livros começavam a me ensinar a ter pena dos pobres." De acordo com o pesquisador César-Braga Pinto, essa solidariedade para com os desfavorecidos se expressa anos depois, em suas primeiras crônicas, ao professar um sentimento social cristão, uma compaixão pelos pobres.

O texto dedicado a Joaquim Nabuco foi o primeiro artigo publicado por José Lins, ainda em um periódico escolar, época na qual pertenceu à Arcádia Pio X, que era uma espécie de confraria literária. Colaborou, ainda, com artigos na revista do Colégio Pio X em pelo menos três outras oportunidades, sendo um deles dedicado ao rei Alberto da Bélgica, que anos mais tarde visitaria o país.

Dessa maneira, mal poderia imaginar o adolescente que, menosprezado pela família e pelos professores, estaria apenas no começo de uma imensa série de artigos e crônicas que mais tarde iriam aparecer em jornais e revistas de todo o país.

E e

Escola do Recife

> A oratória me fascinava. Vivia promovendo greves
> só para fazer os meus discursos de dó de peito.
>
> (entrevista a Francisco de
> Assis Barbosa para a *Revista Diretrizes*, 1941)

José Lins do Rego radicou-se em Recife no ano de
1916, a fim de concluir os estudos ginasiais e secun-
dários. Àquela altura, não se sabe se já tinha planos
de continuar a estudar e ingressar na universidade.
Ao chegar à capital pernambucana, é difícil averi-
guar se ele imaginava que iria passar quase uma
década de sua mocidade naquele grande centro
urbano, comercial e intelectual do Nordeste.

Em 1900, o Recife possuía 113 mil habitantes, enquanto em 1920 já saltara para 240 mil, sendo a quarta
cidade mais populosa do país. Abrigava comunidades
de imigrantes europeus, como portugueses e ingleses.
Apresentava um ar cosmopolita de cidade europeia
que se modernizava num grau crescente, com resquí-
cios da *belle époque*, que no Rio era conhecida por suas
personagens "melindrosas e almofadinhas".

A elite nordestina acorria para a cidade, a fim de
cursar a Faculdade de Direito, ingressar no comércio

ou atuar na política. O desenvolvimento industrial, embora ainda incipiente, fazia do estado o quinto em número de operários fabris, com 118 indústrias e 12 mil trabalhadores.

Ao longo da infância, na companhia do avô, das tias e dos demais agregados do engenho, o menino Dedé ficava hospedado na casa do tio João Lins e das primas da capital. As temporadas de verão e as festividades do carnaval, quando se assistia ao entrudo — o mais ancestral gênero carnavalesco, trazido por portugueses em tempos coloniais —, eram os momentos mais oportunos para o tio receber os parentes da Paraíba.

A chegada para os estudos em Recife se deu em plena vigência da Primeira Guerra Mundial. Após um período áureo de progresso, em que se desfrutavam os avanços da técnica e as benesses da ciência, assiste-se à eclosão do trágico confronto, a contrariar o otimismo reinante desde a Revolução Técnico-científica de 1870. O conflito assumia proporções nunca antes vistas, envolvia todos os continentes e atingia, direta ou indiretamente, quase todas as nações do globo.

No Brasil, o regime republicano se consolidava, mas não sem tensões regionais e resistências populares. A cada eleição, as oligarquias dos estados autônomos da federação entravam em luta renhida pela conquista do poder. Sabia-se da existência de fraude nos pleitos eleitorais — o chamado "voto de cabresto" — e o coeficiente de eleitores era pouquíssimo expressivo da totalidade da população. A República e os partidos republicanos tinham com isso vários de seus princípios comprometidos ou desvirtuados.

Ao tempo em que José Lins passa a viver na cidade, Recife vivenciava os mesmos dramas de Rio e São Paulo, recebendo notícias diretas da hecatombe que eclodia no mundo. Através dos jornais, a cidade acompanhava os desdobramentos da guerra, que matava milhares de soldados no *front* europeu. Mais do que no interior do país, as notícias sobre o conflito internacional circulavam com mais intensidade em Recife e nas demais capitais brasileiras.

Enquanto as potências hegemônicas se digladiavam pela partilha do mundo; enquanto as oligarquias regionais testavam sua força em âmbito nacional e enquanto os trabalhadores davam as primeiras mostras de sua organização sindical, o moço José Lins do Rego concluía sua fase de estudos colegiais e iniciava sua carreira universitária.

Em Recife, matriculou-se em mais três escolas. Estas também eram centros de excelência no ensino, o que não chega a ser surpresa no tratamento dispensado a um "filho da aristocracia". Foram elas: o Instituto Carneiro Leão, o Colégio Oswaldo Cruz e o Ginásio Pernambucano.

Tratava-se de instituições de peso e tradição na cidade, por onde haviam passado outras figuras de destaque da vida intelectual nordestina. O Leão do Norte, alcunha dada ao estado, abrigava o Ginásio Pernambucano (Colégio Estadual de Pernambuco), instituição de base religiosa, que concorria com a Escola Normal. Esta, própria para moças, procurava expandir o ensino feminino. Em concorrência com os institutos católicos, havia também a presença pedagógica dos protestantes, que dirigiram a Escola Batista Americana Gilreath onde se formaram, anos antes, Graciliano Ramos (1892-1953) e Gilberto Freyre (1900-1987), escola fundada com a ajuda do pai deste último.

O conceituado ginásio onde estudou José Lins era um dos mais antigos estabelecimentos escolares da cidade, tendo sido fundado como liceu em 1825, um ano após a Confederação do Equador, movimento republicano revolucionário irrompido justamente em Recife e Olinda.

Olívio Montenegro (1896-1962), amigo, conterrâneo e compadre de José Lins, que o conhece por essa época em Recife, foi não apenas aluno, mas também professor daquele estabelecimento de ensino. Em 1943, publicou a obra *Memórias do Ginásio Pernambucano*, a pedido e sob o estímulo do governador do estado, Agamenon Magalhães. Várias personalidades viriam ainda a passar por aquele ginásio, dentre elas o dramaturgo Ariano Suassuna, o economista Celso Furtado, a escritora Clarice Lispector, o advogado Evandro Lins e Silva e o pedagogo Paulo Freire.

* * *

Em fins da década de 1910, José Lins surpreende em seu desempenho nos estudos e reverte o estigma de aluno fraco e incapacitado. Em Pernambuco, começa, ademais, a se revelar um promissor talento nas letras e na disciplina de língua portuguesa:

Entrei para o Colégio Carneiro Leão e, desde logo, fui considerado excelente aluno de português. Meu professor era o poeta da moda em Recife: Faria Neves Sobrinho. Ele não queria que os seus alunos escrevessem difícil. Dava temas simples para as composições. Nesse período, a descrição de uma venda aumentou o meu prestígio literário no Carneiro Leão.

(entrevista a Francisco de Assis Barbosa
para a *Revista Diretrizes*, 1941)

A formação escolar e o amadurecimento pessoal em Recife foram, portanto, propícios para uma nova fase de José Lins. A descoberta da literatura brasileira se daria, primeiro, através da leitura de *O Ateneu* de Raul Pompeia e, depois, com o acesso às obras do bruxo Machado de Assis (1839-1908). Aos 16 anos, a leitura do livro *Dom Casmurro* é um impacto em sua vida.

Junto à literatura brasileira, os autores estrangeiros, sobretudo os franceses, começariam a despontar no horizonte de interesses do jovem estudante. A iniciação literária será feita pelo já amigo Olívio Montenegro, que lhe revela Stendhal, em particular o romance *O vermelho e o negro*, e a obra filosófica e romanesca de Jean-Jacques Rousseau.

Na ocasião, a presença de autores franceses não chegava a ser uma surpresa. O ambiente intelectual das elites brasileiras fora marcado historicamente pela "galofilia", com grande influência da cultura e da língua daquele país europeu, que estabeleceu as bases da cidadania republicana e dos direitos humanos universais, através de correntes de ideias como o Iluminismo, o Positivismo, o Naturalismo e o Evolucionismo.

O humanismo presente na literatura e na cultura dos escritores franceses, desde Montaigne, que viria a ser um dos favoritos de José Lins, se torna dessa forma o centro de gravitação das curiosidades do estudante em busca de "ilustração". Em plena mocidade, o provinciano respirava com entusiasmo a efervescência cosmopolita da capital pernambucana. Nesta, eram criados espaços públicos para a sociabilidade de escritores e jornalistas.

A construção de cafés, entre fins do século XIX e início do século XX, deu origem a lugares como o Café Continental, onde se reuniam figuras como Benedito Monteiro, Ascenso Ferreira e Osório Borba. Esses novos espaços de cultivo das letras integram o projeto de modernização cultural perante os modelos inspiradores da *belle époque* francesa. O escritor sergipano Gilberto Amado (1887-1969) recordava a esquina da Lafayette, em *Minha formação no Recife*. Situada perto da rua do Imperador, onde ficava a sede do *Diário de Pernambuco*, por ela "passava o mundo"...

★ ★ ★

Esse ambiente literário efervescente leva José Lins do Rego a prosseguir nos estudos universitários. Isso será concretizado em 1919, quando ingressa na Faculdade de Direito do Recife. A instituição, fundada inicialmente em Olinda, é criada na mesma data que a congênere paulista do largo de São Francisco, em 1827. Desde então, ambas as faculdades passam a constituir os principais focos de formação de bacharéis no Brasil. Ao lado da Faculdade de Meaicina na Bahia, fundada em 1808.

Naquela época, Direito, Medicina e Engenharia eram as carreiras consideradas mais importantes, formadoras de uma elite de técnicos, cientistas e burocratas destinados a ocupar o aparelho administrativo, além de capazes de outorgar distinção a beletristas, a políticos e a jovens aspirantes ao bacharelado. Dessas três profissões fundamentais, pilares da vida moderna, as ciências jurídicas então concentravam o maior número de matérias clássicas referentes às Letras, à Filosofia e às Ciências do Homem.

A opção de José Lins pelo Direito e por aquela tradicional faculdade, em específico, parece congruente com o perfil dos estabelecimentos escolares pelos quais tinha passado, bem como com o interesse particular apresentado pela literatura e pelas letras.

Para o escritor Souza Barros a Faculdade de Direito ocupava um papel de destaque em âmbito nacional, levando ao Recife pessoas de todos os quadrantes do país:

> Chegavam para a Faculdade de Direito e muitos se deixavam ficar, como Carlos Duarte, amazonense, que não mais voltou ao estado de origem, os irmãos Montenegro, Olívio e Lauro, Augusto dos Anjos, José Américo de Almeida, José Lins do Rego e os irmãos Jurema, Abelardo e Aderbal, que vinham da Paraíba, Clarival e José Valadares, da Bahia, os sergipanos Gilberto Amado e o próprio Tobias Barreto, e os alagoanos eram sem conta: Diegues Júnior, Afrânio Melo, Leopoldo Lins, Valdemar

Cavalcanti, Paulo Malta. Tadeu Rocha, João Soares Palmeira, que se tornou líder cooperativista em seu estado, Wanderley de Gusmão, Lêdo Ivo, e também um estudante anterior à década, Pontes de Miranda, mais tarde culminância no Direito Constitucional.

(Souza Barros. "Um movimento de renovação cultural")

A Faculdade de Direito vai então dar origem a uma das mais antigas e importantes agremiações de pensadores e escritores interessados na sociedade e na realidade brasileiras. A chamada Escola do Recife, ou "geração de 1870", responsável pela virada antirromântica no país, vai acolher, entre outros, nomes como Graça Aranha, Joaquim Nabuco, Araripe Júnior, José Veríssimo e Clóvis Beviláqua, este último responsável pela redação do Código Civil Brasileiro em 1916.

José Lins do Rego vai ser um exemplo emblemático de aluno da Faculdade de Direito do Recife. Descendia de uma velha família rural brasileira, proprietária de grandes extensões de terra, que enviava seus filhos à cidade em busca de prestígio e notoriedade.

O ingresso naquele estabelecimento permitia-lhe, também, o contato com os filhos da emergente burguesia urbana, comerciantes e banqueiros citadinos, muitos dos quais de origem estrangeira. Somados a estes, os estudantes davam-se a conhecer a vida boêmia, entregando-se aos bares e cafés das imediações da faculdade.

É o próprio José Lins quem relembra a sua trajetória no ensino superior:

> A princípio levei a sério o curso jurídico. Frequentava a biblioteca da faculdade e já admirava Machado de Assis e João do Rio. No segundo ano, porém, conheci Raul Bopp. José Ferreira de Souza e eu fomos morar com ele nos fundos de uma venda em Olinda. Bopp foi uma bomba para mim. Ensinou-me a beber uísque. Foi a minha primeira grande amizade literária. [...] Outros grandes amigos, como José de Queiroz Lima e Mário Guimarães, eu tive na Faculdade de Direito. Queiroz Lima vivia falando em Oscar Wilde. E eu, metido a jornalista, escrevia de graça uma permanente no *Jornal do Recife*. Citei Nietzsche num artigo sobre Albino Forjaz de Sampaio.
>
> (entrevista a Francisco de Assis Barbosa
> para a *Revista Diretrizes*, 1941)

O literato pernambucano Austregésilo de Athayde (1898-1993), membro da Academia Brasileira de Letras, também testemunha:

> O estudante José Lins do Rego era íntimo de todas as agitações da Escola, gritava pelos corredores, cantando em voz alta e desafiando árias de operetas da moda, botava apelidos e se fizera o terror em arruaças de rua e boemia. Rapaz perdido, o aluno péssimo do dr. Amazonas, bacharel em 1923, que não entrou no quadro de formatura porque consumiu em cerveja da rua Santo Amaro as verbas do avô.
>
> (discurso de recepção e posse na ABL)

José Lins foi assim considerado um aluno relapso irregular, chistoso, mais frequentador do burburinho universitário do que propriamente das salas de aula. Tirava notas medíocres nos cursos que fazia, pois não se interessava pelas matérias estritamente constitucionais nem pelas abstrações jurídicas traduzidas em normas e leis. Com um estilo irreverente, preferia as galhofas e as brincadeiras. Tinha por hábito ficar nos corredores, gostava de botar apelido nos colegas e nos professores que passavam. Por ocasião da formatura, por exemplo, não chegou a colar grau, uma vez que gastara boa parte do dinheiro com as farras da boemia.

Contudo, José Lins não passaria incólume à ambiência e à tradição bacharelesca, antes mesmo de ingressar na faculdade. Com apenas 17 anos, José Lins vai surpreender com sua retórica política estampada nos jornais da cidade. A estreia ocorre na imprensa local, através de um artigo no *Diário do Estado*, dedicado ao jurista liberal e ex-ministro das Finanças, Rui Barbosa (1849-1923).

★ ★ ★

José Lins do Rego começou a escrever nos periódicos da cidade antes mesmo de se matricular na Faculdade de Direito. A coluna "Ligeiros Traços", de sua autoria, passa a ser assinada com certa regularidade no *Jornal do Estado* da Paraíba, nos primeiros dois meses de 1919. Com 20 anos, substitui Barbosa Lima Sobrinho em uma crônica semanal do *Jornal do Recife*.

Além da colaboração no jornal tradicional, José Lins, jovem jornalista e estudante de Direito, iria colaborar no *Diário do Estado*, em *Vida Moderna* e na revista quinzenal *Era Nova*. O conteúdo de suas crônicas versa sobre comentários de ordem geral acerca de fatos mundanos, de acontecimentos internacionais e já revela interesse e sensibilidade para o universo da cultura, através da valorização dos artistas da terra, como o pintor paraibano Pedro Américo. Trata também de personalidades locais, com referência a figuras que mais tarde seriam conhecidas em nível nacional, tais como o então jornalista Assis Chateaubriand.

Por outro lado, longe de ser um simples provinciano, apresenta um impressionante cabedal cultural, tecendo comentários sobre vultos literários, filosóficos e artísticos europeus. Em depoimento a Francisco de Assis Barbosa, que o considerava uma "riquíssima personalidade", José Lins descreve da seguinte maneira a sua iniciação ao jornalismo:

> Em 1918-19, Oliveira Lima era a grande figura mental de Pernambuco. No jornalismo, destacavam-se Barbosa Lima Sobrinho, Múcio Leão e Olívio Montenegro. Nesse tempo eu me assinava Lins do Rego, apenas. Achava mais eufônico. Pois Lins do Rego acabou por substituir Barbosa Lima Sobrinho na crônica dominial do *Jornal do Recife*. Philemon de Albuquerque, que era o secretário, indicou o meu nome. O diretor não gostou muito: "Seu Philemon, este moço não sabe português... mas acabou concordando. [...] O meu

— 63 —

primeiro salário foi de 40 mil-réis mensais, redigindo as 'Notícias da Paraíba' para o *Jornal*. Depois, acabei fazendo a crítica de teatro. Leopoldo Fróes escreve 'Recife' e eu fiz boa camaradagem com ele. Acabei conferencista. Odilon Nestor elogiou a minha conferência, intitulada 'A simbologia do número sete'."

No início da década de 1920, a amizade com Osório Borba resultaria, já nos tempos da Faculdade de Direito, na criação de um semanário intitulado *Dom Casmurro*. O jornal, de caráter panfletário, procurava atingir os políticos da região, mediante uma crítica sarcástica e sistemática. Dentre os colaboradores, encontrava-se o supracitado Joaquim Pimenta (1886-1963), professor da Faculdade de Direito, que mais tarde receberá um tratamento ficcional.

Tais quais muitos periódicos do gênero, *Dom Casmurro* teve vida efêmera, em razão do vínculo com as turbulências da política:

> O nosso panfleto durou 26 semanas. Atacávamos de rijo o governo do estado. Um dia, o governador mandou a polícia fechar o jornal. Era demais. O número 27 do periódico foi empastelado quando estava sendo impresso nas oficinas de um outro jornal, *A Noite*, dirigido por Nelson Firmo.

F f

Fogo morto

Pedro Velho, cadê teu engenho? A usina passou no papo! E onde vais fundar safra este ano? Na barriga da mulher! Na barriga da mulher!

(Ascenso Ferreira, balada popular, anos 1920.
Apud Souza Barros)

Agora viam o bueiro do Santa Fé. Um galho de jitirana subia por ele. Flores azuis cobriam-lhe a boca suja.
— E o Santa Fé, quando bota, Passarinho?
— Capitão, não bota mais, está de fogo morto.

(*Fogo morto*, p. 347)

Com essas palavras, José Lins do Rego encerra seu romance *Fogo morto*, publicado em 1943, aquele que viria a ser consagrado pela crítica como a sua obra-prima. Este cenário de decomposição impregnaria boa parte das lembranças de José Lins, associando em sua memória a ruína das antigas unidades de produção de açúcar ao fim de sua infância, à derrocada econômica de sua família — simbolizada na morte do avô — e à desfiguração de toda uma paisagem social no Nordeste.

Em princípios da década de 1920, aos 22 anos, José Lins já era bacharel pela Faculdade de Direito, com formação considerada medíocre no que dizia respeito à dedicação aos estudos, mas um período sem dúvida de descobertas e de imersão em longas e profícuas leituras. Humanista, o jovem José Lins se interessa por tudo, ou quase tudo, que diga respeito à literatura e às artes: nacional e estrangeira, clássica e moderna, universal e regional.

A lista de autores internacionais é longa e parece interminável. Trava contato com romances, contos, peças, poesia. Lê os franceses: Anatole France, Baudelaire, Molière, Musset, Verlaine; lê os ingleses: Shakespeare, Lord Byron, Oscar Wilde; lê os alemães: Goethe, Heinrich Heine, Kant; lê os italianos: Dante Alighieri, Gabriele D'Annunzio; lê os espanhóis: Azorín — pseudônimo do escritor José Martínez Ruiz, uma das vozes altas da famosa *Generación del 1898* —, Cervantes, Unamuno; lê os portugueses: Alexandre Herculano, Eça de Queiroz, Fialho de Almeida, Luís de Camões; lê os russos: Dostoievski, Gogol, Léon Tolstoi.

Conforme destaca César Braga-Pinto, nessa fase, José Lins é iniciado nas letras pelos amigos Olívio Montenegro e José Américo de Almeida, dedicando-se ainda a conhecer os escritores de formação católica. Estuda, em particular, os franceses, tais como Barrès, Maurras, Péguy, Maritain, La Bruyère, Barbey D'Aurevilly, De Maistre. Entre os autores nacionais, também se mostra aberto ao que seus contemporâneos liam — de Coelho Neto a João do Rio, de Castro Alves a Manuel Antônio de Almeida, de Rui Barbosa a Lima Barreto.

No ambiente da universidade, entretanto, José Lins é mais conhecido pelas pilhérias, pelos chistes e pela boemia. Na recordação de professores e colegas, era em última instância um gozador, um agitador cultural. Também se destacará no terreno da crônica social, com posicionamentos firmes e ataques panfletários a políticos nos jornais locais em que escrevia.

Os seus panfletos, entretanto, não eram meros arroubos juvenis, destituídos de causa e efeito. A atmosfera de convulsão política tomara conta de Pernambuco naquele princípio de 1920 e levara o jovem bacharel a adotar essas posições contundentes.

A 29 de janeiro de 1922, morre José Bezerra, o presidente do estado, ex-ministro da Agricultura e antigo senhor de engenho. No mesmo ano da sucessão eleitoral para a presidência da República, de onde sairia vitorioso a 1º de março o paulista Arthur Bernardes, seguindo o tradicional rodízio com os mineiros no poder. Recife encontra-se convulsionada pela campanha sucessória que se segue ao falecimento do governador.

Enquanto na região Sul do país e na capital da República eclode a revolta dos tenentes, com o famoso episódio dos 18 do Forte de Copacabana, no Rio, uma série de conflitos e crises de autoridade é deflagrada no "Leão do Norte": entre a imprensa local — *Diá-*

— 67 —

rio de Pernambuco de um lado, *Jornal do Commercio*, de outro; entre seus representantes políticos — o senador José Henrique Carneiro da Cunha *versus* o prefeito de Recife, o coronel Eduardo Lima Castro; entre as forças da ordem — tropas federais do Exército, chamadas a controlar o processo eleitoral, contra os soldados de polícia do Estado.

Além disso, o governo estadual estava na oposição ao então presidente Epitácio Pessoa, devido à sua atitude na questão do açúcar. Ele contrariara os interesses dos usineiros pernambucanos, o que vinha a exacerbar ainda mais as colorações do conflito.

Em meio aos litígios pelo poder, que chegava à iminência de uma guerra civil, José Lins vai posicionar-se ao lado de Manuel Borba (1864-1928). Este é um "político caboclo", segundo definia o escritor Souza Barros, gerente da Fábrica de Tecidos em Goiânia (PE), senador e ex-presidente de Pernambuco (1915-1919). Ele dominava todo o estado e se coloca contra a intervenção de Epitácio Pessoa e seus aliados no âmbito estadual — os irmãos Pessoa de Queirós, sobrinhos do presidente, industriais e proprietários do *Jornal do Commercio*. Uma acerba luta de facções dividia o estado em "borbistas" e "pessoístas".

★ ★ ★

Na Paraíba da década de 1920, a aristocracia do açúcar se reduz a menos de quinhentas famílias. Para que se tenha uma ordem de grandeza do declínio, apenas no estado de Pernambuco houvera 1.020 engenhos registrados em 1624, época da invasão holandesa.

Enquanto no Sudeste os cafezais passam a dividir espaço econômico com as "chaminés de barro" das "fábricas de tecido", conforme cantava no Rio de Janeiro a música popular de Noel Rosa, no Nordeste, por sua vez, as usinas ascendem junto às emergentes indústrias têxteis das capitais litorâneas, destronando os lordes das plantações. As centrais usineiras passavam a absorver, cada uma, cerca de quarenta velhos engenhos.

A conversão dos engenhos em usinas — etapa de transição de uma escala manual para outra, industrial — acarretará o abandono de vários centros de produção por seus proprietários. Arruinados, esses engenhos passam a ser chamados de *fogo morto*. Ao adotar o lado dos vencidos, José Lins, já radicado no Rio de Janeiro, vai erigir sua obra com base nessa matéria-prima nostálgica.

★ ★ ★

A morte de Bubu, avô de José Lins, no mesmo ano em que este se casa — 1924 —, o faz retornar à terra natal e ao engenho onde crescera, a fim de cuidar dos destinos daquela propriedade. Ainda que seu retorno se deva a uma necessidade de ordem prática — cuidar da herança e dividir os espólios da família —, a volta à província de origem é acompanhada de uma nostalgia toda especial para o jovem, recém-casado

— 69 —

e recém-diplomado, que se acostumara aos livros, ao jornalismo, à política e à agitação urbana.

Ao longo de sua vida, na verdade desde o período das férias escolares, ele faria algumas viagens de regresso desse tipo, com visitas ao território de sua infância, saindo seja da capital paraibana, pernambucana ou alagoana. Já radicado em Maceió, entre fins dos anos 1920 e início dos anos 1930, José Lins não deixará de estabelecer contato com a paisagem típica onde nasceu e cresceu, acompanhado das filhas e do compadre Olívio Montenegro. Mesmo do Rio de Janeiro, para onde se transferirá em meados da década de 1930, o autor não deixará de fazer visitas à terra natal, como recorda em junho de 1941:

> Aí está um pedaço da velha casa do meu avô José Lins Cavalcanti de Albuquerque, ou o velho José Paulino dos meus romances. Casa enorme, de muitas janelas, de muitas portas. Aí está a banca de madeira onde o velho se sentava, tarde, para receber seus auxiliares: o feitor, o mestre de açúcar, os carapinas, os pastoreadores. Velha casa que eu agora em março revi com olhos cheios d'água. Pareceu-me menor, pareceu-me mais acabada, e, no entanto, ao revê-la toda a minha vida voltou às origens. O menino de engenho renasceu dentro de mim. [...] A minha grande casa continua. Deus queira que os Ribeiro (os Ribeiro são os usineiros que têm devorado os engenhos da várzea do Paraíba) a deixem em paz.
>
> (revista *Dom Casmurro*. Rio de Janeiro, 28/6/1941, reportagem de Clóvis de Gusmão)

À alegria do retorno ao engenho se junta também uma sombra de tristeza. Em parte, não apenas pelo falecimento do avô, como também, pouco depois, pela morte de um estimado tio. Conforme revela em carta de 1925: "Tenho passado dias bem tristes com a morte do meu tio Henrique. Com ele morre o melhor homem de minha família, o único que podia continuar o meu avô. Deixou-me uma grande saudade."

A tristeza marca igualmente esses momentos de reencontro do escritor com as raízes de suas terras mais ancestrais: "Um engenho de fogo morto tem aquela mesma tristeza de uma fazenda abandonada."

Isso porque José Lins já não se depara mais com o verdejante Nordeste canavieiro a que se acostumara em criança, mas com engenhos estagnados cujas moendas, esquecidas pelo homem, se encontram desativadas, invadidas novamente pela natureza selvagem. De maneira inapelável, a força do progresso é representada pela voragem das usinas, com sua produção mecanizada, aniquilando a tradição rural, tomando seu lugar ou simplesmente entregando-a à própria sorte. O silêncio aterrador dos engenhos de fogo morto — alusão às chaminés desativadas e, portanto, sem fumaça, pondo em evidência o final de uma longa era — se impõe sobre a imensidão de terras incultivadas.

No final de 1924, depois de ir ao engenho que pertencera ao avô, José Lins sai da capital paraibana, em companhia de Gilberto Freyre, rumo ao interior de Pernambuco e da Paraíba. Em verdade, desde pelo menos o mês de junho daquele ano, o futuro "mestre de Apipucos" já anunciava por carta seu desejo de viajar pelo "sertão paraibano". O roteiro da viagem é parcialmente recordado:

> Lembro-me bem, isto já faz muito tempo, estava Gilberto Freyre na Paraíba, onde fora conduzido por mim para conhecer de perto a minha província. Mostrei-lhe todos os recantos, os conventos, as fontes, as matas de Tambiá, as ladeiras, os sobrados.
>
> (*Homens, seres e coisas*, p. 3)

Nessa visita, os dois conhecem o engenho Pau d'Arco, no município de Sapé, região próxima ao Pilar, em terras de propriedade da família do poeta Augusto dos Anjos. Depois de anos afastado da província, colocam-se frente a frente com a decadência do engenho dos Anjos, que será afinal arrendado por um tio de José Lins, o dr. Quincas. A atmosfera de corrosão toca especialmente os visitantes, pois lembra em muito a queda de seus engenhos familiares.

Ainda que Augusto dos Anjos tenha nascido em uma geração anterior, quase vinte anos antes (1884), José Lins identifica-se em muitos aspectos quer com a biografia, quer com a melancolia presente nos versos do poeta conterrâneo. O abandono em que se encontra o engenho dos Anjos coloca no mesmo patamar a deterioração da sua propriedade e a da sua própria família:

O Pau D'Arco poderia ter sido para este homem magro seu sanatório e foi, no entanto, a realidade de seu povo derrotado. O menino havia de perceber que a terra fugia dos pés de sua gente. Os meirinhos rondavam a casa, o doutor declina e compõe. As canas acamam as suas comportas, como dentaduras podres expostas ao tempo. O homem sai da tristeza da família para ver a terra [...] A casa do finado Toca não é outra coisa que a casa-grande do engenho de fogo morto. O Pau D'Arco está hipotecado. Os juros vão crescendo, e o doutor puxando pelos filhos mais moços. [...] Vejo o poeta na agonia dos seus últimos dias no engenho, o velho tamarindo, o tamarindo de suas desventuras, o açude onde voam garças brancas, o gemer das águas nas levadas, o boieiro, o silêncio da fábrica parada. O doutor está arrumando os livros e a mãe triste, nos cuidados da casa. Do seu quarto, Augusto olha o mundo lá de fora.

(*Homens, seres e coisas*, p. 8)

★ ★ ★

O retorno em 1924 aos engenhos decadentes da Paraíba simbolizou certa encruzilhada existencial para o jovem José Lins. Que caminhos profissionais trilhar a partir de então? Voltar para a vida nos engenhos e assumir a administração da propriedade do avô ou seguir o seu destino de bacharel? Fincar-se à terra, dando continuidade à obra do avô, ou viver o cosmopolitismo e o frenesi do litoral? Ao menos por carta revelava sua inclinação: "Estou me preparando

para tomar conta do engenho. Para o ano serei finalmente senhor de engenho."

Se essa indeterminação de rumos foi uma inter-
rogação concreta do autor, a sua obra romanesca
aponta da mesma forma para tal indecisão. Segundo
o crítico baiano Eugênio Gomes, a dúvida foi mais
do que um dado de ordem pessoal: "O drama moral
de Carlos de Melo não será antes o de tôda uma
geração?"

Da mesma maneira que os demais dilemas vividos
por José Lins e pelos filhos e netos dos barões de-
safortunados, a literatura será a forma encontrada
para materializar essas hesitações, que os dividiram
no decorrer da vida. No caso de José Lins, o poder
de atração da terra e a força das origens familiares
são duas constantes que o lançam, como um ímã, em
direção ao passado e aos seus antepassados.

Na década de 1930, quando seus romances come-
çam a despontar na capital alagoana, a obra *Banguê*
(1934) vai explorar essa dúvida psicológica, encar-
nada na pele do bacharel Carlos de Melo, prolon-
gamento do menino Carlinhos, da obra de estreia
— *Menino de engenho* (1932) — e do adolescente
Doidinho, do livro homônimo (1933). Ao completar
a trilogia do crescimento, o personagem de *Banguê*,
então com 24 anos, vivencia a hesitação do retorno
ao engenho em decadência.

Desse, tem a responsabilidade de assumir as funções administrativas, mas para as quais não tem nem
experiência nem vocação. A profissão de bacharel

tampouco faz muito sentido em sua vida, sem atender às suas verdadeiras inclinações literárias e intelectuais. Formado, admitia, continuava "sem saber fazer nada".

Em sentido quase autobiográfico, a personagem reflete sobre a sua condição de continuador da memória do avô:

> E ele era tudo para mim. Amava-o intensamente, sem ele saber. Via a sua caminhada para a morte, sentindo que todo o Santa Rosa desapareceria com ele. Uma vez até pensara em escrever uma biografia, a história simples e heroica da sua vida. Mas o que valeria para ele uma história, o seu nome no papel de imprensa? Oitenta e seis anos, a vida inteira acordando às madrugadas, dormindo com safras na cabeça, com preços de açúcar, com futuros de filhos, com cheias de rios, com lagartas comendo roçados.
>
> (*Banguê*, p. 20)

O escritor Antônio Carlos Villaça comenta a homologia entre o destino do avô e o crepúsculo da era dos engenhos:

> A morte do avô é a decadência total, inexorável. Em três anos, o Santa Rosa estaria quase de fogo morto. Carlos de Melo não sabe explicar o seu malogro. "Botava para cima do feitor, o feitor Nicolau. Culpava o preço do açúcar, o alambique furado, os velhos tabus."

A morte simbólica do avô implica a morte real, concreta, do engenho Santa Rosa. "O Santa Rosa se findara. É verdade que com um enterro de luxo, com um caixão de defunto de trezentos contos de réis."

(*Banguê*, 22ª ed., p. 21)

G g

Gilberto Freyre

> Gilberto descia a rua Nova. Eu já o conhecia de vista. Disse-lhe apenas: "Chamo-me José Lins do Rego." E apertei-lhe a mão. Desde então ficamos amigos. Até hoje.
>
> (entrevista a Francisco de Assis Barbosa
> para a *Revista Diretrizes*, 1941)

Se é certo que José Lins já tivera, e ainda viria a ter, outros grandes amigos — como José Américo de Almeida, Olívio Montenegro e Valdemar Cavalcanti —, por que Gilberto Freyre foi tão importante, alguém capaz de abrir, de forma tão ampla, um novo horizonte humano em sua vida?

Além disso, o que os uniu existencial e intelectualmente, e de maneira tão forte? E, talvez o mais interessante, como Gilberto e José Lins construíram e registraram a imagem dessa amizade nos textos dedicados um ao outro?

★ ★ ★

José Lins do Rego e Gilberto Freyre se conheceram em Recife, no ano de 1923, numa tarde no Café

Continental, um dos principais redutos boêmios da cidade. No tempo da *belle époque* pernambucana, o estabelecimento se chamava Café Cascata e ficava localizado nas imediações da fábrica de cigarros Lafaiete. Situados entre as ruas Imperador e Primeiro de Março, os bares da região eram pontos de encontro diários entre políticos, jornalistas, agentes de publicidade, homens de letras e frequentadores de concertos no Teatro Santa Isabel.

José Lins e Gilberto iniciaram, desde então, uma amizade que se dava em caminhadas pela cidade, com visitas ao convento Santo Antônio e a igrejas em ruínas. A convivência se prolongava em passeios de barco pelo rio Capibaribe ou pelos sítios às suas margens; em passagens por Olinda, pelos cajueiros de Igarassu, por Cruz do Patrão e pelos bairros tradicionais de São José e Poço da Panela. O roteiro incluía ainda, ao meio-dia ou à noite, mercados como o Madalena, onde experimentavam os quitutes e pratos típicos.

Já ao primeiro contato na esquina do "Cenáculo da Lafaiete" — versão pernambucana do parisiense Quartier Latin —, José Lins descreve o amigo como uma espécie de divisor de águas em sua existência:

> Conheci Gilberto Freyre em 1923. Foi numa tarde de Recife, do nosso querido Recife, que nos encontramos, e de lá para cá a minha vida foi outra, foram outras as minhas preocupações, outros os meus planos, as minhas leituras, os meus entusiasmos. Pode parecer um romance, mas foi tudo da realidade.

Para mim teve começo naquela tarde de nosso encontro a minha existência literária. E a minha aprendizagem com o mestre da minha idade se iniciava sem que eu sentisse as lições. Começou uma vida a agir sobre outra com tamanha intensidade, com tal força de compreensão, que eu me vi sem saber dissolvido, sem personalidade, tudo pensando por ele, tudo resolvendo, tudo construindo como ele fazia. Ele era tudo o que eu não tinha. Uma cultura clássica, uma capacidade de penetrar, de análise, de síntese, de vida interior, que se chocavam com os meus impulsos, os meus arrancos bruscos, os meus ímpetos de instintivo puro. E tudo isto, que poderia nos separar, nos ligou profundamente.

(*Gordos e magros,* p. 116)

Conforme acentua José Lins, de início foi estabelecida entre os dois uma relação de exclusiva admiração: um mestre diante de um discípulo. Embora tivessem quase a mesma idade — Gilberto nascera em 1900, José Lins em 1901 —, este se encantou com a sabedoria daquele.

O então doutor em antropologia, futuro sociólogo de *Casa-grande & senzala* (1933), acabara de chegar de uma temporada de cinco anos de estudos em centros universitários dos Estados Unidos e da Inglaterra. Na condição de jovem *scholar*, sério e respeitado, o cosmopolita Freyre se dispõe a iniciar o "provinciano" José Lins, a tirá-lo da boemia um tanto desregrada e a familiarizá-lo com o que havia de mais avançado em termos artístico-literários.

— 79 —

De fato, o retorno de Freyre à cidade natal produzira um notável impacto não só em José Lins, como também em boa parte do meio letrado de Recife. O autor ganhara prestígio já no exterior, quando publica uma série de artigos no *Diário de Pernambuco*. Intitulada "Da outra América", a coluna era escrita e enviada enquanto realizava sua pioneira formação em sociologia e antropologia cultural anglo-saxônica.

Dentro de um país de cultura ainda em grande parte francófona, Gilberto vai introduzir José Lins do Rego nos grandes ensaístas europeus e nos modernos romancistas de língua inglesa. Entre eles, *Judas o obscuro*, de Thomas Hardy, e *Filhos e amantes*, de D. H. Lawrence, livros de autores desconhecidos no Brasil à época. Após se conhecerem, ambos vão se dedicar à leitura conjunta de *Em busca do tempo perdido* (1919), de Marcel Proust, um dos marcos da descoberta da subjetividade no romance psicológico moderno, escrito à luz da filosofia da matéria e da memória de Henri Bergson.

Ao lado da erudição humanística e acadêmica, Freyre transmite a José Lins do Rego seus entusiasmos com a terra brasileira com a qual voltava a ter contato. As descobertas antropológicas e a sensibilidade artística do então jovem Gilberto fazem com que lance, na década de 1920, as bases de um movimento de renovação das expressões culturais e de valorização das tradições regionais nordestinas. Tal movimento abarcava a literatura e a pintura, a arquitetura e o artesanato, a culinária e o folclore.

De forma paralela, e em certo sentido contrária à hegemonia político-cultural do Centro-Sul, Gilberto Freyre defendia a primazia da matéria-prima regional. A terra, a língua e o homem regionais eram as condições necessárias para a definição de uma arte moderna, autêntica e brasileira.

Segundo Gilberto, cabia ao artista exprimir a originalidade da cultura, a fim de ser reconhecido em âmbito internacional e de apresentar-se com autonomia perante o mundo. A arte regional, antes espontânea que engajada, antes moderna que modernista, consistia na capacidade do artista de plasmar, de maneira criativa e inconsciente, a multidão de sugestões humanas, físicas e sociais que o meio lhe apresenta. A fusão entre a cor local e a experiência íntima do artista informava a singularidade da arte moderna brasileira.

Gilberto Freyre combatia, por um lado, a dimensão exótica, superficial e pitoresca a que estava associado o regionalismo — quer o saudosismo de um Afonso Arinos, quer o caipirismo de um Monteiro Lobato —, desde pelo menos meados do século XIX, com o advento do romantismo. Ele procurava redescobrir a identidade regional do Nordeste, disposto que estava a superar o divisionismo político-cultural entre os estados, típico do modelo federativo da República Velha, e a produzir uma relação construtiva com a entidade nacional, configurando em novos termos a chamada *brasilidade.*

Por outro lado, Freyre reivindicava uma posição autônoma diante da onda modernista que se disseminava do Sul. Com seus artifícios urbano-industriais, o modernismo futurista andava em alta entre os intelectuais paulistas que se insurgiam contra a arte acadêmica e a poesia parnasiana. Na ótica de Gilberto e José Lins, os organizadores da Semana de Arte Moderna de 1922 pareciam mais ligados à importação das modas europeias e à adoção das últimas vanguardas parisienses do que à valorização das tradições nacionais.

O moderno tradicionalismo de Freyre passa a valorizar a herança portuguesa e patriarcal do período colonial, considerada por ele a fonte genuína na busca pela autenticidade da terra brasileira, situada na zona tropical. A pesquisa das raízes lusitanas e ibéricas se chocava com a influência europeia da época imperial e republicana, quando o avanço civilizador da França e da Inglaterra passa a homogeneizar, mais do que a estimular, as diferenças culturais no "concerto das nações".

Afeito à polêmica, José Lins subscrevia a crítica de Gilberto ao europeísmo dos modernistas: "Meia dúzia de rapazes inteligentes e lidos em francês realizou (a semana) em São Paulo, com todos os tiques e toda a *mise-en-scène* com que Marinetti se exibira em palcos italianos há quinze anos."

Em Recife, o grupo de Gilberto Freyre terá como adversários locais os adeptos do futurismo, encabeçados pelo jornalista Joaquim Inojosa, redator-chefe

— 82 —

do *Jornal do Commercio*. Em outubro de 1922, Inojosa fora a São Paulo, conhecera os líderes modernistas, como Menotti Del Picchia, Tarsila do Amaral, Anita Malfatti, Oswald de Andrade e Mário de Andrade, e retornara com exemplares da revista *Klaxon* na bagagem. Em 1925, o mesmo Inojosa receberia o poeta paulista Guilherme de Almeida, que recita seu poema "Raça" no Teatro Isabel, incumbido de disseminar as ideias modernistas em Recife.

Freyre, ao contrário, postulava a independência das letras e das artes pernambucanas em face do eixo Rio–São Paulo. Para isto, mostrava como a ligação com as vanguardas europeias havia se dado sem mediações, com o contato direto entre Recife e Paris. Durante sua estada na capital francesa, Gilberto conhecera os artistas plásticos pernambucanos lá radicados, como os irmãos Vicente e Joaquim do Rego Monteiro, além de Cícero Dias, outro nome que saltará aos olhos na nova geração de ilustradores, desenhistas e pintores do modernismo brasileiro.

A proposta de um regionalismo orgânico e vital, tal como formulado por Gilberto Freyre, é desta forma defendida por José Lins:

> O regionalismo de Gilberto Freyre não era um capricho de saudosista, mas uma teoria da vida. E, como tal, uma filosofia de conduta. O que queria com seu pegadio à terra natal era dar-lhe universalidade, como acontecera a Goethe com os "lieder", era transformar o chão do Nordeste: de Pernambuco, num pedaço do mundo. Era

— 83 —

expandir-se, ao invés de restringir-se. Por este modo o Nordeste absorvia o movimento moderno no que este tinha de mais sério.

(*José Lins do Rego:*
modernismo e regionalismo, p. 107)

José Lins do Rego é assim fiel aos ensinamentos de Gilberto e se afasta do mero panfleto político a que estivera até então ligado. Ao mesmo tempo que ficava a par das novidades da literatura universal — lia o irlandês James Joyce (1882-1942), por exemplo, graças à sugestão do amigo —, cultivava o apego à terra e à dimensão telúrica da vida e da arte. Com isso, preconizava os valores tradicionais, provincianos e primitivos da cultura popular, a melhor forma, segundo eles, de se atingir o caráter universal da arte.

Não se deve, no entanto, imaginar entre os dois escritores uma "via de mão única". Embora ambos gostassem de cultivar a imagem de mestre e discípulo, José Lins também ensinou muito a Gilberto, desde que este chegara da Europa e dos Estados Unidos. É o próprio Gilberto que rememora:

Foi ele quem me pôs em contato com a literatura, para mim nova, de Agripino Grieco, de Tasso da Silveira, de Ronald de Carvalho, de Renato Almeida; quem me revelou Lima Barreto; quem me iniciou em Ribeiro Couto e nos "Modernistas" de São Paulo, tendo eu, por mim mesmo, descoberto afinidades

— 84 —

com os do Rio — Prudente de Morais Neto, Rodrigo de Andrade, Manuel Bandeira, Sérgio Buarque de Holanda, Carlos Drummond de Andrade...

(*Vida, forma e cor*, p. 59)

A liberdade de expressão, o elogio à linguagem oral e a sublimação das intimidades de infância em um antigo engenho açucareiro são elementos da plataforma artístico-literária, partilhados por Gilberto Freyre e José Lins. Ambos vão defendê-la, polemizando de início com os outros movimentos culturais que despontavam nos efervescentes anos 1920 no Brasil.

★ ★ ★

Em paralelo à ação conjunta com Gilberto, José Lins avança em sua atividade profissional. Em 1925, ingressara no Ministério Público e fora nomeado promotor em Manhuaçu, o que o leva a sair do Nordeste, transferindo-se para Minas Gerais. No ano seguinte, ele se torna fiscal de consumo e volta à região de origem, radicando-se em Maceió (AL). Na capital alagoana iniciará uma nova fase de amizades e de amadurecimento literário, onde despontará, ao lado do cronista, a veia do romancista.

Assim, uma década após convívio intenso, durante o ano de 1923 até maio de 1924, Gilberto e José Lins vão se separar e traçar percursos distintos. Selam, contudo, um forte laço de amizade que

— 85 —

perdurará ao longo da vida, por meio de frequentes trocas de carta, de viagens pelo interior nordestino e de reencontros em cidades como o Rio de Janeiro. Mesmo com a diminuição do contato pessoal, os dois prolongam confidências e estabelecem uma cumplicidade afetiva, construída nos primeiros anos no Recife, através de correspondências mantidas de diversos lugares do Brasil e do globo.

A distância não impedirá, portanto, que as influências entre Gilberto e José Lins continuem frutíferas no decorrer das décadas de 1930, 1940 e 1950. Nessa simbiose de pensamento, o próprio autor de *Sobrados & mocambos* admite a dificuldade de discernir o que pertence a cada um. Conforme admite Gilberto em *Alhos e bugalhos*: "[...] escrevendo a meu respeito tinha às vezes a impressão de falar de si mesmo. É também o que sinto com relação ao romancista de *Banguê*."

Dessa forma, o discurso inicial que colocava Gilberto como mestre e José Lins como aprendiz é relativizado, pois as ideias os influenciaram reciprocamente. Tal condição indiscernível do saber vai ser então, como propunha o ensaio de Montaigne, uma das grandes lições da amizade iniciada ainda na Recife de princípios dos anos 1920.

H h

Histórias da velha Totônia

A voz macia da velhinha fazia andar um mundo de
coisas extraordinárias.

(*Meus verdes anos*, p. 110)

"Quem conta um conto aumenta um ponto", diz o
ditado popular.

O hábito de contar histórias, como se sabe, remonta a tempos antigos. Qualquer que seja o gênero
narrativo — conto, novela ou romance —, qualquer
que seja a forma de narração — falada ou escrita —,
o ato de transmitir casos passados ou inventados
se fundamenta em uma estrutura comunicativa
elementar: um emissor que procura entreter um
receptor.

Com tal objetivo, através dos séculos, as fábulas,
as lendas e os mitos se impuseram como uma maneira eficaz de despertar a atenção de uma audiência ou de um conjunto de leitores. Tal capacidade
de atração acabou por se tornar mais importante e
absorvente do que o seu próprio conteúdo.

O ensaísta alemão Walter Benjamin (1892-1940),
no ensaio "O narrador — considerações sobre a

— 87 —

obra de Nicolai Leskov", o autor identificava esse contista russo (1831-1895) como um dos últimos de uma linhagem de escritores em vias de extinção no mundo moderno.

Para Benjamin, a tradição imemorial dos contadores de história, ainda presente nos contos de Leskov do século XIX, via-se ameaçada desde o aparecimento da imprensa e do romance. Enquanto o antigo narrador — tipificado na figura do camponês ancião ou do navegante aventureiro — valia-se da experiência vivida e do vínculo direto com o público, o romancista mergulhava na introspecção individual e afastava-se, física e espiritualmente, do seu leitor. Com o romance, a transmissão de histórias deixa de ser uma atividade coletiva, artesanal, partilhada em comunidade. Na era da técnica industrial, a perda do sentido comunitário e da dimensão de totalidade — mão, olho e gestos se integravam a um enredo — produz um afastamento, uma quebra na cadeia que outrora unia emissor e receptor.

Curiosamente, foi um ensaísta de origem austríaca, Otto Maria Carpeaux (1900-1978), brasileiro por adoção, quem identificou em José Lins do Rego as mesmas características percebidas por Benjamin em relação ao contista russo Leskov. Depois de fugir do nazismo alemão em 1939, Carpeaux vai radicar-se no Brasil e se dedicar a estudar, com afinco, paixão e erudição, a história da literatura brasileira.

Um dos primeiros romancistas com quem Carpeaux se depara é José Lins do Rego, que em 1943 publicava seu décimo romance, *Fogo morto*. Convidado a escrever o prefácio do livro, o eminente crítico literário saúda José Lins justamente como último contador de histórias, o derradeiro representante de uma geração capaz de narrar à moda antiga.

Orgânico, espontâneo e inconsciente, José Lins seria um *conteur* nato, alguém que deixa, simplesmente, correr os fatos sob o bico da pena. Ao contrário do romancista moderno, que faz da linguagem um problema em si mesma, José Lins se consagra tão somente a relatar histórias, como Sherazade o fazia em *As mil e uma noites*.

No arremate à apresentação de *Fogo morto*, Otto Maria Carpeaux sentencia:

> José Lins do Rego é o último dos contadores profissionais de histórias. Com ele, a espécie extinguir-se-á. É como um narrador de contos de fadas. Como menino, como menino de engenho, deve ter ouvido muitas histórias dessas — batendo o coração, aos pés da mãe preta — para poder inventar, depois, tantas histórias assim [...] Agora, somos nós, assentados aos seus pés, pedindo: Conta-nos mais! [...] Escutemos! Escutai!
>
> (67ª edição, 2008, p. 24)

★ ★ ★

De fato, o escritor paraibano ouviu muitas dessas histórias em criança e fez questão sempre de salientar sua influência ao transpô-las para os seus romances. "A trajetória regional de José Lins do Rego implica, em uma parte, a continuação do cancioneiro popular, e na outra parte, a memória", dizia Lêdo Ivo em conferência na ABL. Suas obras viriam a perpetuar vários dos casos relatados e diversos dos personagens que o autor conheceu durante os primeiros anos de vida. Conduziu, pois, a realidade à ficção e a memória à invenção.

Na transposição das personagens reais para a obra romanesca, a velha Totônia será uma das figuras mais emblemáticas. Espécie de narradora itinerante, dona de uma prodigiosa memória, ela representa um modelo na tradição de contadoras de história do Nordeste, que desapareceu com o tempo.

A importância dessa humilde senhora no imaginário do menino foi tal que, em 1936, já laureado romancista de "o ciclo da cana-de-açúcar", José Lins lançou *Histórias da velha Totônia*. Este se tornaria um clássico da literatura infantojuvenil, no qual o escritor fixou quatro das inúmeras histórias que ouvira em criança, com os títulos de: 1) "O macaco mágico"; 2) "A cobra que era uma princesa"; 3) "O príncipe pequeno" e 4) "O sargento verde".

As histórias, ilustradas por Tomás Santa Rosa (1909-1956), relatam anedotas fantásticas em que os reinos animal, vegetal e humano se entremeiam. A paisagem europeia compõe o cenário, dramatizado pela realeza medieval, onde figuram castelos e carruagens, reis e rainhas, corcéis e seres alados, príncipes e princesas, escravos e pajens. Junto a

— 90 —

guerras contra mouros e turcos, as histórias são quase sempre norteadas por uma moral de fundo bíblico, típica da herança ibérica, tal como relida pela cultura popular nordestina.

Na apresentação ao livro, dirigida "Aos meninos do Brasil", José Lins fornecia o perfil da sua personagem inspiradora:

> Ainda me lembro hoje da velha Totônia, bem velha e bem magra, andando, de engenho a engenho, contando as suas histórias de Trancoso. Não havia menino que não lhe quisesse um bem muito grande, que não esperasse, com o coração batendo de alegria, a visita da boa velhinha, de voz tão mansa e de vontade tão fraca aos pedidos de seus ouvintes.
>
> Todas as velhas Totônias do Brasil se acabaram, se foram. E outras não vieram para o seu lugar. Este livro escrevi pensando nelas... Pensando na sua velha Totônia de Sergipe, Sílvio Romero recolheu estas mesmas histórias que eu procuro contar aos meninos do Brasil.
>
> Quisera que todos me ouvissem com a ansiedade e o prazer com que eu escutava a velha Totônia do meu engenho.
>
> Se eu tiver conseguido este milagre, não precisarei de alegria maior para a minha vida (p. 21).

Cinco anos depois do seu lançamento, em 1941, José Lins concede uma entrevista a Francisco de Assis Barbosa, onde continuava a perfilar e a recordar o lugar de Totônia em sua imaginação literária:

Às vezes vinha ao engenho por este tempo uma velha Totonha, que sabia uma Vida, Paixão e Morte de Jesus Cristo em versos e nos deixava com os olhos molhados de lágrimas com a sua narrativa dolorosa. [...] A velha Totônia figura como personagem do *Menino de engenho*: "Pequenininha e toda engelhada, tão leve que uma ventania podia carregá-la, andava léguas e léguas a pé, de engenho a engenho, como uma edição viva das mil e uma noites. Que talento ela possuía para contar as suas histórias, com um jeito admirável de falar em nome de todos os personagens! Sem um dente na boca e com uma voz que dava todos os tons às palavras."

(*Revista Diretrizes*, 18/12/1941, p. 34, 35)

Tais como a lendária Totônia, vários outros habitantes do engenho Corredor estarão presentes nos romances. Mais do que na obra ficcional, em seu livro de memórias, *Meus verdes anos*, José Lins traz informações mais precisas que esclarecem quais eram de fato os personagens conhecidos e reais. Nesse livro, a convivência íntima do menino com as "mães pretas" e outras contadoras de histórias do engenho do avô é mencionada diversas vezes.

Sobre as contadoras, é curioso observar que a maioria desses narradores populares era do sexo feminino. Adultas, algumas delas já idosas, eram negras ex-escravas, descendentes diretas de africanas. Trabalhavam na casa ou prestavam serviços como parentes de agregados que moravam nas redondezas. Podiam ser ainda peregrinas, apenas de passagem pelo engenho.

O contato de José Lins com o universo de histórias locais se deu de início por intermédio das criadas da casa-grande em que o escritor cresceu. As mais marcantes nas suas recordações chamavam-se Galdina, Maria Gorda e Romana. Esta última, vinda diretamente da África, era já uma senhora de idade avançada e chegara a ser ama de leite de seu avô Bubu.

Os enredos dos casos contados pelas negras giravam em torno da vida dos ancestrais do menino. "As conversas das negras foram as primeiras crônicas que me deram notícias da minha família", rememora em *Meus verdes anos*. Mas contar histórias não era ato exclusivo às mulheres, tampouco interdito aos homens. Isidro era um dos negros também recordados por José Lins: "[...] possuía o dom da narrativa. Tudo o que contava se parecia com a verdade."

A contadora de histórias predileta de José Lins era mesmo Totônia.

Com o recurso à fantasia, envolta em uma aura de mistério, essa senhora tinha um modo diferenciado de comunicar seu repertório narrativo. Totônia se distinguia em particular dos *causos* do seu avô:

> Estas histórias do meu avô me prendiam a atenção de um modo bem diferente daquela da velha Totônia. Não apelavam para a minha imaginação, para o fantástico. Não tinham a solução milagrosa das outras. Puros fatos diversos, mas que se gravavam na minha memória como incidentes que eu tivesse

assistido. Era uma obra de artista bulindo de realidade. A casa do engenho era grande e triste. Meu avô pouco comunicativo, minha avó cega e minhas tias que não sabiam contar histórias. Aparecia a sogra do mestre Agda, e tudo se transformava. A vida mudava. Nunca me esquecerei de sinhá Totônia, essa maravilhosa contadora de histórias, analfabeta e inteligentíssima que, sem o saber, transformava o menino do engenho Corredor. Porque estou certo de que foi a velha Totônia quem pegou em mim a doença de contar histórias.

(entrevista a Francisco de Assis Barbosa
para a *Revista Diretrizes*, 1941)

Diante de tanta empolgação com a velha Totônia, a contrastar com a seriedade do ambiente familiar, seria o caso de perguntar: vinha dela mesmo o interesse de José Lins por essas histórias populares, que versavam, entre outras, sobre lobisomens, fadas, sereias, mães-d'água, dragões, barbas-azuis, zumbis, caiporas, casas mal-assombradas e misteriosos faroleiros? Tratava-se apenas de uma fascinação de menino, simples encantamento de garoto atiçado pelas histórias mirabolantes de uma "cabocla" carismática?

O carisma de figuras como Totônia foi, sem dúvida, fundamental, mas é importante sublinhar também o contexto de criação do menino. No engenho e na região de origem de José Lins, a ausência do hábito de leitura contribuía para a predominância da transmissão pela via oral. O autor costuma recordar que o único livro existente na casa-grande era a Bíblia. Esta, contudo, era de difícil acesso, dela se guardava distância, pois era vista como um objeto de reverência, veneração, tal era sua aura imaculada.

Entre as fontes escritas, os jornais tinham alguma presença. Os folhetins, por exemplo, eram cobiçados pelas tias de José Lins. Elas liam, a propósito, os capítulos de *O moço loiro* (1845), obra do romântico Joaquim Manuel de Macedo (1820-1882), que vinham publicados em capítulos nos jornais. Logo se conclui que os periódicos, quando comparados aos livros, eram produtos de maior circulação nas propriedades do avô. De todo modo, os jornais, com suas efemérides urbanas, tinham de ser trazidos de longe, seja o *Província* da Paraíba, seja o *Diário de Pernambuco* de Recife, sejam os títulos importados do Rio de Janeiro.

★ ★ ★

Gilberto Freyre explica o fascínio da arte de narrar histórias no Nordeste em razão de sua oralidade, do fato singular de serem contadas por negras. Em terras brasileiras, a capacidade de adaptar e de "amolecer" a língua europeia dava às narrativas outro sabor. As empregadas, oriundas das senzalas, acabavam por ter um papel central na composição da imaginação dos meninos, em especial dos filhos das elites agrárias nordestinas, estudadas pelo mesmo sociólogo pernambucano.

Pode-se perceber a confluência entre as tradições africanas e portuguesas no hábito de transmitir histórias oralmente. A propósito, dentre as formas literárias consideradas menos sofisticadas em termos estilísticos — a legenda, a saga, o mito, a advinha, o ditado, o caso, o memorável, o conto, o chiste, as canções de gesta —, a literatura de cordel foi um dos gêneros mais difundidos no Nordeste. Ela desenvolveu a vertente do cancioneiro popular vinda da Europa e mesclou-se aqui ao repertório originário da África e à forma de narrar das mucamas africanas.

Para explicar tal fenômeno, o historiador suíço Paul Zumthor (1915-1995), que estudou a poesia oral europeia de origem medieval, desenvolveu o conceito de *performance*. Este consiste em uma espécie de evento comunicativo, que ultrapassa o alcance do texto escrito. A sua dimensão gestual e performática permite que se associe tal evento à cantoria dos cegos de feira da Paraíba e de Pernambuco. A literatura de cordel compreende a tradição musical-literária, que destaca a importância da expressão corporal e da corporeidade presente em todo ato de ler ou declamar em público, ao articular a grafia e a fala nas suas interjeições.

Em suas origens, os temas e a técnica do cordel remontam, da mesma forma, à história medieval ibérica, com os seus menestréis, seus trovadores e toda sorte de cantadores ambulantes a falar do amor e da guerra, do cotidiano e do fantástico, das venturas e desventuras da vida. No Brasil, em especial no Nordeste, o lugar por excelência da literatura oral foram as feiras, local de onde se propagavam lendas, mitos, morais cristãs e sagas de reis e príncipes, como as de Carlos Magno e dos doze cavaleiros de França.

Em Pilar, cidade natal de José Lins, esses contos da tradição popular eram chamados de "histórias de Trancoso", uma referência ao escritor seiscentista Gonçalo Fernandes Trancoso. Autor de *Contos e histórias de proveito e exemplo* (1575), esse escritor se tornou famoso entre os portugueses ao dar acabamento literário à cultura popular.

O tom extraordinário e inverossímil de boa parte deles acabou por associar o nome de Trancoso a tais relatos fantasiosos, equivalentes às histórias da carochinha e a muitos dos cantos e contos populares recolhidos na Europa pelo francês Charles Perrault e pelos irmãos Grimm, os alemães Jacob e Wilhelm, com destaque para *Chapeuzinho vermelho*, *A bela adormecida*, *O pequeno polegar*, *Cinderela*, *O gato de botas*, *Barba-azul*, *Pele de asno*, entre outros "Contos da Mamãe Gansa".

No Brasil, a coleta de histórias do folclore nacional foi iniciada por Sílvio Romero (1851-1914) no final do século XIX, ao qual o próprio José Lins se refere na apresentação de seu livro infantil. O resgate das memórias da velha Totônia é uma forma de render tributo também a toda essa tradição de Trancoso, com suas histórias transplantadas da Europa e recitadas pelas negras e mestiças, descendentes de africanas no Brasil.

I i

Ita do Nor(des)te

> Peguei um Ita do Norte
> Pra ir no Rio morar...
>
> (Quadra popular)

> Nesse tempo o Brasil era um arquipélago, onde a comunicação se fazia por mar.
>
> (*Tantos anos*, p. 146)

Os anos de juventude e formação de José Lins do Rego nas capitais do Nordeste — Recife, João Pessoa e Maceió — merecem ser conhecidos em maior profundidade. A sua passagem pela capital alagoana ainda não recebeu a devida consideração dos especialistas. E, no entanto, José Lins fincou raízes em Maceió por quase uma década, entre 1926 e 1935. De acordo com vários testemunhos, ali viveu um dos períodos mais felizes e frutíferos de sua vida.

No final da década de 1920, apesar dos ditames do progresso, a capital alagoana ainda guardava fortes traços provincianos. Conforme registrava Mário de Andrade, que por lá passou em 1929: "Em Maceió a

— 99 —

gente caminha um bocado e se dependura dos morros sobre as alagoas... Em Maceió a água do mar se derrete brasileiramente inchada por poder refletir um templo impossivelmente grego."

O jornalismo continuou a ser uma de suas atividades cotidianas. José Lins participava com crônicas regulares na imprensa da cidade. Colaborava no *Jornal de Alagoas*, um dos mais prestigiados, onde tinha uma coluna dominical; escrevia também para a revista semanal *Novidade*, dirigida por Alberto Passos Guimarães (1908-1993) e Valdemar Cavalcanti (1912); e atuava, ainda, como correspondente alagoano de *A Província*, periódico dirigido por Gilberto Freyre em Recife. Assim como em Recife, lhe apraziam os bares e cafés do centro de Maceió, pontos de encontro e sociabilidade. No caso da capital alagoana, os literatos locais reuniam-se no Bar do Cupertino, também chamado Bar Central, situado em frente ao Relógio Oficial.

Assim, depois da malograda temporada passada em Minas Gerais — em carta endereçada a Gilberto Freyre considerou Manhuaçu "horrível" —, José Lins voltou a residir no Nordeste. A concluirmos de outra carta, esta recebida de Olívio Montenegro, seu nome e seu lugar de destino foram objeto de disputa entre paraibanos e alagoanos: "Anthenor contou-me as complicações diplomáticas que envolveram a sua nomeação de fiscal de banco. Uma nomeação que fez febre aos políticos da Paraíba. Como são excitáveis os políticos de nossa terra!"

A transferência, afinal feita para Maceió, por indicação do Ministério Público, permitiu-lhe trabalhar como fiscal de selos adesivos, entre 1926 e 1931, e como fiscal da Inspetoria Geral de Bancos do Estado de Alagoas, entre 1931 e 1935. Com dificuldades em matemática, José Lins volta e meia cometia erros de contas e cálculo, o que o deixava em situações embaraçosas no exercício de suas funções. Desleixado, mais interessado em literatura do que na incumbência de fiscalizar tributos, torna-se assinante da *Nouvelle Revue Française*, a famosa revista editada em Paris. Conhecida pela sigla *N.R.F.*, ela põe a intelectualidade nordestina a par das novidades literárias vindas da Europa.

O cumprimento das atividades ligadas à burocracia de estado acabou por lhe valer um encontro inusitado, que resultaria em uma amizade prolongada pela vida afora. Logo que chegou a Maceió, José Lins acompanhou a comitiva do governador do estado, Pedro da Costa Rego (1924-1928), em uma missão de trabalho pelo interior de Alagoas. A viagem se estendeu até Palmeira dos Índios, cidade do agreste alagoano em que se dizia viver o "homem que sabe mais mitologia em todo o Sertão".

Quem seria esse homem?

O *sábio sertanejo* a que os locais se referiam chamava-se Graciliano Ramos (1892-1953), então um comerciante que logo viria a ser eleito o terceiro prefeito da cidade (1927-1930). Mesmo com temperamentos diversos, Graciliano e José Lins se tornariam grandes amigos, desde que o futuro autor de *Vidas secas* se instalou na capital alagoana, em 1930, e passou a morar na rua da Boa Vista. Já na época de Palmeira dos Índios, a fama de erudito de Graciliano corria solta, segundo observava o tabelião de Mata Grande: "Aquele camarada é um sabidão. Passa o dia no balcão da loja de tecidos lendo Anatole France."

* * *

As atividades burocráticas daqueles que viriam a se tornar célebres escritores, como Graciliano e José Lins, constituíam estratégias de sobrevivência financeira. O serviço público era uma maneira de realizar, em paralelo, aquilo de que mais gostavam: a literatura. Em parte, conseguiam conciliar a paixão de ler com o ofício da escrita, através da participação nos jornais, sob a forma de crônicas, críticas e ensaios. Pouco a pouco, no entanto, a leitura dos grandes romancistas, nacionais e estrangeiros, como Eça de Queiroz e Machado de Assis, se soma a ambições maiores, diríamos autorais, de cada um.

No que diz respeito a José Lins, seu amadurecimento como escritor vai ocorrer durante a fase alagoana. É certo que o escritor paraibano vinha alçando voos literários havia algum tempo. Na Paraíba, por exemplo, já apresentara um soneto a José Américo de Almeida, mas o próprio autor dos versos o descartara, julgando-o de péssima qualidade. Ainda durante a temporada em Recife, aventurou-se a escrever *Reflexões em torno de um livro.*

Gilberto Freyre, convidado a ser o prefaciador, tentou contemporizar, mas não negou o tom de censura à obra: "Há que perdoar no meu amigo esse desordenado. Aliás, nada mais fácil de perdoar em quem passa, quase de repente, de ignorante adolescência às volúpias da inteligência e das altas leituras."

Preocupado com questões formais e técnicas, ligadas ao ritmo da escrita, Gilberto considerou o estilo de José Lins ainda imaturo. O livro, por fim abortado, evidenciava a precocidade e os arroubos juvenis do seu autor. Em contrapartida, a análise do amigo sublinhava também as virtudes do jovem aspirante e nele entrevia a promessa de "qualidades brilhantes".

Ao chegar a Maceió, contudo, José Lins não era visto pela imagem depreciativa da imaturidade. Ou melhor, chamava atenção nele a sua ousadia de mocidade. Embora tivesse apenas 25 anos, o crítico paraibano já gozava de prestígio entre os novatos escritores da localidade, que se reuniam em círculos como a Academia dos Dez Unidos, a Festa da Arte Nova e o Grêmio Literário Guimarães Passos. Em paródia sarcástica à Academia Alagoana de Letras, esses grupos aglutinavam jornalistas, poetas, professores e romancistas.

Mais tarde, a maioria desses moços seguiria a carreira literária, e alguns deles alcançariam projeção nas letras e nas artes nacionais. Entre eles, é

— 103 —

possível citar, seguindo a lista feita por Arnon de Melo: Aurélio Buarque de Holanda, Alberto Passos Guimarães, Valdemar Cavalcanti, Jorge de Lima, Aloísio Branco, Carlos Paurílio, Manuel Diegues Júnior, Mário Brandão, Rui Palmeira, Raul Lima, Théo Brandão, Carlos J. Duarte, Francisco Marroquim, José Mota Maia, Abelard França, Barreto Falcão, Emílio de Maya, Tomás Santa Rosa e José Auto, este último casado com a cearense Rachel de Queiroz.

Da mesma forma que Gilberto Freyre em Recife, José Lins se fará mestre e guru intelectual de toda uma geração em Maceió. A sua ascendência sobre aqueles emergentes literatos se devia talvez à fama de polemista que ganhara nas capitais por que passou. Em particular, destaquem-se as suas polêmicas com os modernistas do Rio de Janeiro e de São Paulo no início dos anos 1920. Entre as controvérsias que manteve com o meio letrado do Sul do país, uma das mais famosas havia sido o ataque, em 1924, à conferência "O espírito moderno", pronunciada por Graça Aranha, na Academia Brasileira de Letras.

Talvez por isso, em princípio, assim que chegou a Maceió, José Lins aparentava um ar pedante de intelectual. Usava costeletas longas e largas, portava bengala e um monóculo, hábitos que só com o tempo vai descartar. Essa impressão, por exemplo, vai ser a primeira gravada nos futuros amigos, como Valdemar Cavalcanti — responsável anos depois por datilografar os originais de *Menino de engenho* — e Aurélio Buarque de Holanda (1910-1989), este então um colegial com 16 anos, que ainda frequentava o Liceu Alagoano, e que mais tarde se tornaria revisor dos romances de José Lins.

Em texto de evocação, intitulado "Revelações sobre José Lins do Rego", de 1947, Aurélio relata ter conhecido o autor por intermédio de Aloísio Branco, talentoso poeta que iria falecer em precoce idade. Outros amigos já privavam com ele em sua casa, como Carlos Paurílio, também poeta, e Mário Marroquim, que fazia pesquisas em linguística e que publicaria décadas depois o livro *A língua do Nordeste* (1945).

À medida que conheceu José Lins, no entanto, Aurélio pôde ir percebendo que, por trás da aparente seriedade do monóculo, estava um ser bonachão, um homem de espírito infantil, dado a galhofas e zombarias. Conforme testemunhava o futuro dicionarista:

> Porque ninguém mais chegado a brincadeiras, de toda espécie. Verbais: apelidos, anedotas e mentiras a respeito dos companheiros e conhecidos. Físicas: petelecos atrás da orelha, um golpe com o joelho por trás do joelho da pessoa com quem vai andando. Verga-se a perna da vítima, que parece ir ao chão, e José Lins dá uma gargalhada:
> — Ó rapaz, você está fraco. Precisa comer feijão!
>
> (*Aurélio: seleta em prosa e verso*, p. 168)

Alagoas, como várias outras capitais do país, recebia os ecos modernistas vindos da Semana de 1922. Era uma fase de transição do parnasianismo, aquele

cultivado pelas rimas perfeitas de Olavo Bilac, Rai-
mundo Correia e Alberto de Oliveira, ainda domi-
nante em Maceió, para o modernismo, capitaneado
por São Paulo. José Lins, com suas posições firmes,
criticava tanto os cânones parnasianos quanto os
arautos do modernismo paulista. Despertava, por
isso, o interesse de muitos locais e servia de modelo
aos aspirantes das letras em Maceió.

★ ★ ★

À reputação de polemista José Lins vai agregar, no
final da década de 1920, a imagem de crítico. Este
se mostra alguém dotado de um aparato literário
arrojado, capaz de escrever ensaios sobre Machado
de Assis, Manuel Bandeira, Jackson de Figueiredo
e Marcel Proust. Ao aprofundar o viés ensaístico,
tinha por objetivo fixar sua posição intelectual como
a de um bom crítico literário.

O investimento na área da ficção ainda não se
manifestava publicamente, mas as suas primeiras
incursões já se esboçavam. Em 1927, no mesmo ano
da publicação do prefácio aos *Poemas*, de Jorge de
Lima, José Lins se lança ao projeto de escrever
um romance. O imaginado livro tratava da vida
de um neurastênico, que, por sua vez, se dedicava à
escrita de uma biografia sobre Machado de Assis. Na
trama, não obstante, a personagem central conhece
uma mulher que desorganiza sua vida e inviabiliza
as pretensões biográficas do escritor.

Assim como tentara em Recife, o livro de José Lins não tem desenvolvimento e estanca logo nas primeiras oito ou dez páginas do seu caderno escolar. À época, já se fazia notória a precariedade da caligrafia do autor, cuja legibilidade contrastava com a letra desenhada e bordada de Graciliano. Segundo José Lins, este sabia escrever com "máquina de costura".

Em 1931, José Lins é convidado a dar uma conferência para a Congregação Mariana de Maceió, onde conta com a presença do arcebispo e dos padres da cidade na audiência. No intuito de expressar a importância do catolicismo em sua formação, a palestra do autor acaba por se revelar mais uma tentativa ficcional. Intitulada "O filho mau", a palestra fora escrita com o seu estilo oral característico.

Aqueles princípios dos anos 1930 reservariam, no entanto, uma surpresa. Eles assistiriam à súbita aparição de José Lins no terreno da ficção. A nos fiarmos em seu testemunho, o acontecimento foi inesperado. Havia algum tempo o crítico planejava, entre suas intenções literárias, escrever a biografia do avô e publicá-la sob a forma de livro. O título inicial previsto seria "Memórias de um menino de engenho".

No decorrer da escrita, no entanto, o que era biografia virou autobiografia e o que era memória, ficção. Quarenta pequenos capítulos compõem o enredo — há mais descrição e justaposição do que trama — e narram a vida de Carlinhos, menino órfão aos 4 anos de idade. Quando a mãe morre e o pai é afastado de seu convívio, Carlos de Melo é enviado ao engenho do avô, o coronel José Paulino, uma evidente alusão a José Lins Cavalcanti de Albuquerque. O Santa Rosa, engenho onde passa a viver, é outra referência explícita ao engenho Corredor, no qual crescera o autor.

A narrativa se estende até os 12 anos, quando uma nova ruptura é operada na vida do menino. Ele é então mandado para o internato escolar na cidade vizinha de Itabaiana. Sob a forma de quadros breves, o livro descreve as experiências de descoberta do menino num ambiente autárquico: um engenho da zona canavieira.

Nele, a dominação familiar, masculina e senhorial é exercida sem pudores. Mas se intercala também com a sua contraparte social: personagens populares, como o moleque Ricardo, a velha Totônia e o cangaceiro Antônio Silvino. Com os nomes alterados ou não, todos são figuras reais, são retratados personagens de que José Lins se lembrava da sua própria infância.

Em 1932, a recepção ao livro *Menino de engenho* vai ser surpreendente. Tendo em vista a dimensão modesta da editora — a Andersen Editora, que no mesmo ano publica *Urucungo*, de Raul Bopp — e o fato de a publicação ter sido custeada pelo próprio autor, causa espanto o sucesso de vendas. Em apenas três semanas, 2 mil exemplares são vendidos no Rio de Janeiro.

O impacto de vendas da novela de um estreante oriundo da "província" — tratava-se de um nordestino pouco conhecido na capital da República — leva os críticos a prestarem atenção na obra. Este será o caso de João Ribeiro (1860-1934), membro da Academia Brasileira de Letras, que a 8 de setembro de 1932 publica uma elogiosa crítica no *Jornal do Brasil*.

Em razão do reconhecimento do público e da crítica, naquele mesmo ano *Menino de engenho* é premiado pela Fundação Graça Aranha. A gratidão pessoal de José Lins é assim exposta:

> Quando publiquei o meu primeiro livro, fora em plena Revolução de 1932. Pois bem, Paulo Prado, que era o mais paulista dos homens, de seu São Paulo, civilização do café, como Nabuco fora pernambucano da civilização do açúcar, sem me conhecer, fez todo o possível para que a Fundação Graça Aranha me desse o prêmio do ano. Era o romance de um cabeça-chata, mas para um paulista da fibra de Paulo Prado o que havia, como o essencial, era o Brasil. Sempre que ele falava, já no máximo da doença, era para tocar no seu tema favorito, o Brasil. Morreu velho, mas foi o mais moço dos homens.

> (*O cravo de Mozart é eterno*, p. 107)

O êxito obtido com *Menino de engenho* no eixo Rio–São Paulo encorajou José Lins a se aventurar em mais um romance no ano seguinte. Curiosamente, o novo livro dava continuidade à história anterior e iniciava a narrativa no momento preciso em que a anterior terminara: com a entrada do menino Carlos no colégio interno.

Nota-se em *Doidinho* (1933) um maior domínio da técnica romanesca. Ainda que permaneça preso à temática confessional, a nova obra explora menos o lado pitoresco da paisagem, bem acentuado em *Menino de engenho*, e se aprofunda na sondagem psicológica do personagem, agora um adolescente que tem de se desgarrar do seio familiar e se adaptar a um mundo hostil, com as tiranias de um professor autoritário e as crueldades dos colegas ginasiais.

Do ponto de vista comercial e editorial, o número de vendas continua alto, agora estimulado pelo fato de *Doidinho* ser publicado por uma outra editora, a Ariel, cujo nome aludia ao anjo de Shakespeare. Com sede no Rio, a editora tinha como proprietários Agripino Grieco (1888-1973) e Gastão Cruls (1888-1959), outro que viria a se tornar amigo de José Lins e, ele próprio, médico do escritor hipocondríaco. Ambos os editores criam ainda o *Boletim de Ariel*, revista literária que existiu entre 1931 e 1938, onde José Lins também publicaria alguns artigos.

Na sequência de sucesso, o ano seguinte vê surgir da pena de José Lins mais uma obra, *Banguê* (1934). Em relação às duas anteriores, esta se mostra menos espontânea e mais bem-acabada, com uma estrutura que a divide em três grandes partes. Os três romances, vistos em conjunto, compunham em verdade uma trilogia. Em um estilo evocativo dos germânicos "romances de formação" (o *bildungsroman*), a saga conta as etapas de construção humana de uma personalidade, dos 4 aos 24 anos de idade, período em que se constrói o seu caráter e a sua visão de mundo.

★ ★ ★

Fenômeno de vendas, os romances de José Lins se tornariam um dos carros-chefes de uma editora promissora: a José Olympio. Esta inaugura em 1934 uma livraria na rua do Ouvidor, área comercial de distinção e de sociabilidade literária desde os tempos da *belle époque*.

A força de atração da capital sobre os novos valores das letras nacionais — em especial os do Nordeste — se mostra pouco a pouco irresistível também para José Lins. Graças à projeção granjeada com rapidez, sua transferência para o Rio começa a ser especulada. Através de um trâmite legal, José Lins consegue a nomeação para um posto de trabalho no Rio de Janeiro, a fim de exercer o cargo de fiscal de consumo. Junto com toda a família, resolve deixar Maceió e toma o rumo do Sul. Estavam então abertas as portas para José Lins pegar o "Ita do Norte" e "vir pro Rio morar...".

J j

José Olympio

> Um país se faz com homens e livros.
>
> (frase de Monteiro Lobato afixada na sala do
> editor José Olympio)

José Olympio. Do que estamos falando? Do homem? Da livraria? Ou da editora? Na verdade, este nome, que mais tarde se tornaria também uma sigla, J.O., por sugestão de Gilberto Freyre, reúne em torno de si as três dimensões — a humana, a cultural e a editorial. É difícil compreender o que esse nome significa na cultura brasileira, e em particular na trajetória de José Lins do Rego, sem situar o cenário histórico em que ele desponta: a conjuntura nacional dos anos 1930.

O contexto de unificação e centralização do Estado nacional nos anos 1930 terá seus efeitos também no âmbito da cultura e das ideias no Brasil. Dentro de tal ambiente, a ação de José Olympio e a projeção de sua editora ganham sentido. Não que o país já não conhecesse editores de talento e tino empresarial. O problema central das livrarias e editoras até a década de 1930 foi o fato de que o mercado editorial ainda se

— 113 —

encontrava em incipiente formação. O público leitor no país tinha um alcance muito limitado, dadas as altas taxas de analfabetismo e dados os baixos índices de cultura letrada da população.

O poeta e crítico Augusto Frederico Schmidt (1906-1965), por exemplo, vinha cumprindo esse papel de divulgação dos valores literários nacionais no Rio de Janeiro. Como editor, fora ele quem lançara os escritores Jorge Amado, Marques Rebelo, José Geraldo Vieira, Rachel de Queiroz, Cornélio Pena, Amando Fontes e Lúcio Cardoso. Em 1933, a Schmidt Editora vai publicar a obra *Casa-grande & senzala*, de Gilberto Freyre, e, no mesmo ano, o romance *Caetés*, de Graciliano Ramos.

Alguns aspectos particulares da atuação de José Olympio se aliam a uma ambiência histórica favorável à nacionalização do livro, com a emergência das novas camadas médias no país. Tais aspectos são elucidativos das razões pelas quais o editor foi bem-sucedido.

A receita do sucesso foi, de início, o investimento em escritores já célebres, como era então Humberto de Campos (1886-1934). No mesmo ano do falecimento de Campos, José Olympio publica seu livro de crônicas *Os párias*, com 22 mil exemplares vendidos. Humberto de Campos será um verdadeiro *best-seller* para os padrões da época, com dezessete livros publicados e uma venda total de meio milhão de exemplares. Quando de sua morte, a editora lançou mais seis novos livros do autor e quinze reedições.

Comerciante com faro para inovações, José Olym
pio investiu também na descoberta de jovens ta-
lentos, em particular de dois novatos vindos do
Nordeste, que se revelariam também bons de venda-
gem: José Lins do Rego e Jorge Amado (1912-2001).
O terceiro volume do ciclo de José Lins, *Banguê*, será
lançado em 1935 na livraria, com direito a tarde de
autógrafos. Hábito social desconhecido até então, os
memorialistas da editora vão considerar a ocasião o
primeiro lançamento oficial de um livro no Brasil,
com anúncios no rádio e na imprensa.

Mais do que publicar de maneira isolada os livros
de escritores nordestinos, José Olympio integrou-os
em uma série voltada para eles. A publicação serial
tornava as obras de ambos uma marca: os *Romances
da Bahia*, para Jorge Amado, e o ciclo da cana-de-
açúcar, para José Lins. O nome de *ciclo* para os
romances canavieiros de José Lins havia sido uma
sugestão da mulher de José Olympio, Vera Pacheco
Jordão Pereira, em uma estratégia de oferta para
colecionadores que induzia à compra conjunta dos
livros. Sua obra ficaria com essa chancela na capa até
1943 e passaria a assim ser chamada pelos críticos.

Junto a José Lins e a Jorge Amado, José Olympio conseguiu levar para a livraria outros grandes
escritores do Nordeste, como Graciliano Ramos,
Rachel de Queiroz, Jorge de Lima, Gilberto Freyre
e muitos outros.

A publicação desses escritores contribuiu ao mesmo tempo para cacifar a editora com escritores

promissores e para dar visibilidade nacional àquela região do Brasil. Essa área era conhecida tradicionalmente pelos fenômenos da seca, da pobreza e do fanatismo religioso, o que adquiriu dimensão literária desde o lançamento da obra de Euclides da Cunha, *Os sertões*, no início do século XX.

Aqui, ainda outra vez, José Olympio inovou, pois não os lançou de maneira aleatória. A nacionalização da temática regionalista vai ser possível graças a esse investimento conjunto e seriado. Os livros dos escritores nordestinos configuraram, a partir de então, um gênero particular, que se tornou conhecido pelo batismo geral de "romance social", em que a literatura passava a ter um engajamento geracional que até então se restringia a atos solitários, como no caso da poesia condoreira de Castro Alves.

A década de 1930 vai tornar conhecida para o Brasil a geração de nordestinos que praticaram a ficção de cunho documental. Esta se caracterizava pela descrição das mazelas sociais e pode ser exemplificada em obras como *Vidas secas*, *O Quinze*, *Os Corumbas*, *Cangaceiros*, entre outras. Uma das fontes de inspiração desses autores, reunidos em torno das novas bases do moderno romance nordestino, havia sido a ficção inaugural de José Américo de Almeida, *A bagaceira* (1928).

José Américo, conterrâneo e amigo de José Lins, embora mais velho, também era um "menino de engenho". Nascera no engenho Olho D'Água, no município de Areia, situado na região do Brejo

— 116 —

paraibano. Com interesses múltiplos na literatura, no jornalismo e na política, publicara em 1923 o livro *A Paraíba e seus problemas*, que receberia uma longa apreciação de José Lins na imprensa local da época.

★ ★ ★

As inovações artístico-comerciais atribuídas à iniciativa de José Olympio vão ser, portanto, um dos grandes trunfos da editora. Ao lado das séries, José Olympio iria criar as coleções como a intitulada *Documentos Brasileiros*. Lançada em 1936, ela duraria até 1986 e contaria com um total de mais de duzentos títulos, dedicados a ensaios de interpretação da realidade nacional. Ela seria coordenada de início por Gilberto Freyre, seu responsável nos três primeiros anos (1936-1939). Freyre inauguraria o selo com o livro *Raízes do Brasil*, de Sérgio Buarque de Hollanda (1902-1982).

Outra coleção de prestígio da editora seria a *Sagarana*, especializada em contos, novelas e romances brasileiros. Concebida nos anos 1940, ela levaria o título da obra de contos do estreante João Guimarães Rosa. A literatura estrangeira também não ficaria de fora, com a criação do selo *Fogos Cruzados*, no qual ganhavam destaque as obras completas de Dostoievski. Nesse período, vários livros importantes seriam traduzidos por José Olympio, que encarregava aos próprios autores da casa a tarefa da tradução.

A arte gráfica também será outra área que receberá um tratamento inovador, através de inúmeras novidades na configuração das capas e do "miolo" do texto. Enquanto as caricaturas e fotos ocupam as páginas dos jornais e revistas, os desenhos em nanquim, as xilogravuras e as aquarelas estampadas exercerão um papel de vanguarda em relação à ilustração de livros no Brasil. Além disso, as orelhas e as contracapas passam a ser espaços de divulgação e propaganda, com comentários elogiosos feitos por especialistas e com anúncios em forma de vinheta que promovem o catálogo da editora.

Assim os artistas nordestinos terão um lugar de destaque na modernização visual das oficinas gráficas. Conforme sugere o antropólogo Gustavo Sorá, as imagens foram estratégicas no processo de unificação conceitual e estilística dos romances. Basta para isso citar a contribuição de pintores como Oswaldo Goeldi, Candido Portinari, Axl Leskoscheck, Eugênio Hirsch e Poty Lazzarotto. Entre os capistas dos livros de José Lins do Rego, é possível lembrar Tomás Santa Rosa, Cícero Dias e Luís Jardim, este também escritor da casa, todos eles amigos do autor.

Assim, em 1952, com vinte anos de existência, a editora possuía 1.400 títulos, dispersos nos seus vários selos, séries e coleções.

Os nordestinos também vão comparecer no terreno da crítica, com o pernambucano Álvaro Lins (1912-1970) a ocupar um lugar de destaque no cenário nacional. Colaborador do *Correio da Manhã*, do qual foi redator-chefe entre 1940 e 1956, Álvaro Lins acompanhava através do seu "jornal de crítica" a publicação dos romances de José Lins, com comentários críticos a cada novo livro, o que influenciava o escritor diretamente.

Críticos de origem estrangeira, muitos deles fugidos dos horrores da guerra na Europa, como o húngaro Paulo Rónai (1907-1992) — poderíamos citar ainda o vienense Stefan Sweig (1881-1942), os parisienses Jacques Maritain (1882-1972) e Georges Bernanos (1888-1948), o polonês Zbigniew Ziembinski (1908-1978) e o alemão Anatol Rosenfeld (1912-1973) —, também encontravam calorosa recepção na editora. Ao chegar ao Brasil em 1941, Rónai levantava questões, perplexo com a ação de ponta de J.O.: "Foi o grande surto da literatura moderna que produziu José Olympio?" Ou: "[...] foi José Olympio que provocou esse grande surto?"

Otto Maria Carpeaux, outro crítico de origem europeia a frequentar o ambiente da livraria, foi convidado a apresentar *Fogo morto*, de José Lins. A 14 de janeiro de 1943, assinou uma admirável interpretação da obra, cuja primeira edição é de outubro do mesmo ano. Ao descrever os hábitos e a personalidade do autor do livro — saltava à vista a extravagância do escritor, "brincalhão, irrequieto, buliçoso" —, Carpeaux dava uma boa ideia do cotidiano da livraria. Nele, parecia reinar um clima de camaradagem, de informalidade e de amizade entre os escritores e os frequentadores da rua do Ouvidor, 110:

José Lins do Rego é um homem estranho. Entra na Livraria José Olympio sem saudar a ninguém, roupa elegante, atitude desleixada, bem-nutrido, com os olhos muito móveis atrás dos óculos, uns grandes sinais no rosto, voz alta, barulhenta. Traz uns livros — "Impressionaram-me muito!" — que não vai ler, recebe os recados que a caixa Marieta tem sempre para ele, vai para o telefone: coisas de futebol, a literatura não interessa. Fala com os amigos, com Graciliano Ramos, Octávio Tarquínio, Aurélio Buarque de Holanda, João Condé Filho, uns outros — Otto Maria Carpeaux está entre eles — fala sem ouvir as respostas, conta histórias as mais engraçadas, de humor rabelaisiano, ri-se gostosamente, com barulho, é todo menino, eterno menino de engenho.

(26ª edição, 1983, p. XVIII)

A sociabilidade da editora chama a atenção, pois nesse mesmo espaço se encontram juntos os escritores, os leitores e os críticos. Entre leitores e escritores, a editora estimulava a correspondência por cartas para aqueles que moravam fora do Rio não deixarem de se comunicar com os autores da livraria.

José Lins do Rego será um dos escritores mais assíduos da José Olympio. Morador de Botafogo, do Humaitá e, depois, do Jardim Botânico, ia quase todos os dias pela tarde à livraria no Centro da cidade. "Figura obrigatória", José Lins cobrava inclusive a presença dos demais colegas escritores, conforme relembrava Rachel de Queiroz: "Zé Lins, por exemplo, ficava indignado se a gente não ia. A partir das três, quatro a gente ia chegando."

A intimidade de José Lins com a editora é confirmada por José Olympio:

> [...] foi o homem que mais frequentou essa casa. Ele era tão íntimo nosso que uma carta sobre a minha mesa — que fosse até uma comunicação bancária, ele abria. E fazia sempre com a segurança de quem lia também o que era dele.

Eis então o lugar de destaque da personagem José Lins do Rego no dia a dia da "Casa", como era conhecida a livraria-editora da rua do Ouvidor; eis a importância do homem José Olympio, missionário, pragmático livreiro, para a cultura letrada brasileira, durante as décadas de 1930, 1940 e 1950.

K k

Keynes, o economista

> O trabalho das raízes das vinhas, das árvores, deve ser destruído para que o preço seja mantido, e essa é a coisa mais triste e mais amarga de todas.
>
> (*As vinhas da ira*, 1939)

Em 1935, ano da transferência de José Lins do Rego para o Rio de Janeiro, o que acontecia no Brasil? Em que mundo vivia o escritor? Quais eram os dilemas econômicos internacionais, e como se manifestavam suas tensões políticas?

Para que conheçamos um pouco da década de 1930, e o papel de destaque que as ideias intervencionistas do economista inglês John Maynard Keynes (1883-1946) vão ter na época, é necessário recuar na viscosa linha do tempo.

Como é sabido, o período do entreguerras (1919-1939) foi caracterizado pelo abalo das certezas na razão e no progresso. Até a eclosão da Grande Guerra, em 1914, predominavam o otimismo e a crença de que o ser humano seria capaz de dominar a natureza com base em suas novas descobertas e em seu

— 123 —

conhecimento tecnológico, produzido pela Revolução Técnico-científica de 1870.

A Grande Guerra, conforme então ficou conhecida a Primeira Guerra Mundial (1914-1919), abalou essa corrida imperialista neocolonial e mostrou o avesso dessa confiança excessiva, com a revelação do poder autodestrutivo que a tecnologia e a ciência tinham, quando empregadas em nome da sanha e da dominação sem limites.

As promessas de bem-estar e felicidade caíram então por terra e o que se seguiu foi a destruição em massa provocada pela generalização de um conflito iniciado nos Bálcãs, após o assassinato do arquiduque austríaco Francisco Ferdinando. O pós-guerra acabou marcado por uma profunda descrença nos valores preconizados pelo liberalismo na virada do século XIX para o século XX, tais como a individualidade, a liberdade burguesa, a democracia de massas e a livre circulação da mercadoria.

As representações artísticas também foram afetadas pela beligerância internacional. A arte moderna, até então em sintonia com a velocidade impressa às transformações técnicas, como mostrara o futurismo do italiano Filippo Tommaso Marinetti (1876-1944) e do romeno Tristan Tzara (1896-1963), viu-se abalada em seu otimismo.

O surrealismo, o cubismo, o expressionismo e o dadaísmo, entre outras, fizeram da razão o seu alvo de questionamento preferido.

As décadas seguintes à Grande Guerra se mostrariam propícias à formação de regimes totalitários na Europa, sobretudo entre as nações perdedoras, envoltas em crises, dívidas, falências, indenizações e ondas inflacionárias.

O totalitarismo seduz o continente europeu, com a reabilitação de teorias eugenistas que pregavam a purificação racial da pátria. Ao disseminar o antissemitismo, Hitler ascende ao poder germânico em 1933. Através do voto e do Parlamento, propaga a força do Terceiro Reich alemão e faz dos judeus o bode expiatório para a constituição da raça ariana.

Na década de 1920, os Estados Unidos, uma das nações vencedoras do conflito, desponta do outro lado do Atlântico como país capitalista disposto a realizar o sonho da liberdade individual. A prosperidade econômica permitiu que os Estados Unidos contornassem a crise e avançassem naquele decênio com equilíbrio financeiro, decorrente das reservas de ouro, da hegemonia crescente do dólar e da exportação do seu *American way of life*.

A vigência dessa situação se estendeu ao longo do decênio de 1920, até a eclosão de um cataclismo: o *crash* da Bolsa de Valores de Nova York, ocorrido em 24 de outubro de 1929, desastroso dia em que 10 mil pessoas se aglomeraram na entrada e encontraram as portas daquele centro financeiro fechadas.

Enquanto nas cidades as imagens marcantes da Grande Depressão mostravam homens amontoados em frente aos portões fechados das indústrias, no campo a paisagem desoladora se dirigia para a queima dos estoques de produção agrícola acumulados com a paralisia econômica. A situação trágica e paradoxal da crise monetária consistia no fato de que, apesar da população faminta nos grandes centros urbanos, toda a colheita da terra era queimada, com a esperança de se retomar a valorização do preço, então em queda livre. Se no Brasil milhares de sacas de café eram inutilizadas, no interior dos Estados Unidos toneladas de laranjas eram descartadas.

★ ★ ★

A desregulamentação financeira e econômica do mundo vai contribuir para fragilizar os regimes democráticos e fomentar a sua contrapartida totalitária, com a instalação de ditaduras em diversos países. Nos Estados Unidos, a despeito da situação crítica, a fidelidade à democracia será preservada. Em seguida ao governo de Herbert Hoover (1929-1933), a eleição do democrata Franklin Roosevelt para a presidência dos Estados Unidos se mostraria exitosa se mantendo no poder por três mandatos consecutivos, de 1933 a 1945.

A receita para o sucesso estaria no lançamento da experiência de uma política econômica original: o *New Deal*. O "Novo Acordo" proposto por Roosevelt logrou sanear o setor bancário, então à beira da falência, desvalorizou o dólar em 40% a fim de promover as exportações e adotou medidas eficazes de recuperação dos salários e dos preços.

A equipe de Roosevelt buscou inspiração nas ideias de um teórico da economia de origem bri-

— 126 —

tânica: John Maynard Keynes. Este desponta no cenário do pensamento econômico internacional com o questionamento às prerrogativas liberais de autorregulação do mercado e com a proposição do investimento incisivo do Estado. A este cabia a condução do crescimento da economia, mediante sistemas de crédito e apoio a áreas estratégicas. Keynes inovava no mundo ao preconizar a presença do Estado no direcionamento da economia, sem comprometer o sistema capitalista.

Tratava-se de um capitalismo de feição estatizante, no qual, ao contrário da ortodoxia do liberalismo e da ditadura do proletariado soviético, se defendia o aumento das despesas públicas como forma de alavancar a economia. Nas décadas seguintes, as ideias desse britânico deram origem a um pensamento político-econômico denominado *keynesianismo*, que serviu de plataforma de ação para vários governos no mundo, entre eles as políticas trabalhistas inglesas e o *Welfare State* — estado do bem-estar social — dos partidos social-democratas europeus, no pós-Segunda Guerra.

O impacto do keynesianismo vai se dar, direta ou indiretamente, em boa parte do mundo. Embora sob condições sociais diversas das americanas, pode-se dizer que o espírito interventor do pensamento de Keynes se refletiu de alguma forma no novo regime instaurado no Brasil, após 1930. A condição de país periférico, baseado na monocultura e na agroexportação, fez com que o Brasil fosse

— 127 —

diretamente atingido pela crise financeira internacional, vivenciando o drama da estocagem de café e a incapacidade de escoamento. Se já havia uma industrialização incipiente em curso no país, a dependência estrutural do café levou a economia ao colapso com a desvalorização cambial.

A solução encontrada pelo governo que ascendeu ao poder com Vargas foi a política de "substituição de importações", com a urbanização, a industrialização e a construção de um aparelho de administração pública centralizado no país.

É possível constatar algumas semelhanças na política econômica de Roosevelt e Vargas, além do fato de em ambas o Estado colocar-se na dianteira do processo urbano-industrial. O longo período à frente do poder e a utilização do rádio como estratégia de comunicação com o povo também foram outros traços comuns a Vargas e a Roosevelt. A aproximação culminou no início da década de 1940 com a "política de boa vizinhança", que, dentro das negociações para o apoio brasileiro aos Aliados na Segunda Guerra, resultou no acordo feito para a construção de Volta Redonda, através da instauração de uma indústria produtora de aço na cidade, visto que a siderurgia, na época, era um setor estratégico para a independência e o desenvolvimento econômico.

★ ★ ★

Assim, o mundo em que viveu José Lins do Rego durante a década de 1930 assistiu a inúmeras convulsões políticas e sociais, herdeiro do assombro causado pela desestabilização econômica internacional, no final dos anos 1920, e da longa fase de Grande Depressão que vivenciou os Estados Unidos, até pelo menos 1939. Se a década começa sob o abalo da instabilidade, com o despencar do câmbio e a queima de milhares de sacas de café no Brasil, ela terminará igualmente perturbada e instável. O ambiente de totalitarismo dos anos 1930 redunda no conflito militar da Segunda Guerra (1939-1944), logo após a invasão da Polônia pelas tropas alemãs. De proporções catastróficas, a nova guerra será marcada pelo genocídio decorrente da utilização de tecnologia de ponta — aviões — e de armas de alto poder destrutivo.

A intolerância racial do nazifascismo, a polarização ideológica do mundo e as ambições totalitárias à esquerda e à direita vão dar a marca sombria do período. Os reflexos dessa radicalização política mundial se manifestarão também no Brasil, com sucessivas tentativas golpistas de assalto ao poder.

Sensível aos acontecimentos, José Lins do Rego não deixou de se posicionar e de retratar em suas crônicas o clima vivido então. Como toda a sua geração, foi um tempo de engajamento dos intelectuais em projetos ideológicos, em um espectro que ia do comunismo — seus amigos Carlos Drummond de Andrade, Candido Portinari, Jorge Amado, Graciliano Ramos aderiram ao Partido Comunista após a Segunda Guerra — até o conservadorismo católico — seria o caso de mencionar o companheiro Alceu Amoroso Lima. Embora não tenha tido uma atuação política mais destacada, José Lins chegou a se filiar ao Partido Socialista Brasileiro, quando este é criado pelo amigo Hermes Lima, em 1947.

Nas décadas de 1930 e 1940 o escritor vai abordar assuntos políticos em jornais do Rio e de São Paulo. Para a *Folha da Manhã*, futura *Folha de São Paulo*, publica em 1935, ano da chegada ao Rio, uma longa crônica sobre a União Soviética intitulada "Revolução e liturgia". Escrita no calor da hora, o autor refere-se com simpatia ao regime soviético, invocando o pendor humano revolucionário, em que o homem é capaz de se dar por uma causa.

Em tom de idealismo, depois de falar de Marx, Lênin, Stalin, o autor conclui sobre o significado altruísta, quase religioso, da morte:

> Morrer para os homens de Moscou, quando é morrer pela revolução, tem aquela grandeza que tinha para os cruzados morrer pelo Cristo ou para um francês de 1800 morrer por Napoleão. Há nisto um martírio novo, uma certa satisfação de se enfrentar o perigo, pensando-se numa eternidade.

LI

Leônidas, o craque de ébano

> Vou ao futebol e sofro como um pobre-diabo.
>
> (José Lins do Rego)

> Há uma grandeza no futebol que escapa aos requintados.
>
> (José Lins do Rego)

Costuma-se dizer que na década de 1930 havia três grandes pessoas populares no Brasil: Getúlio Vargas, o chefe da nação; Orlando Silva, o "Cantor das Multidões"; e Leônidas da Silva, o atacante da Seleção Brasileira. O que teria permitido a essas figuras tamanha popularidade? Por que essas figuras galvanizaram o país inteiro?

Em parte, a resposta está no expressivo desenvolvimento dos meios de comunicação de massa. De maneira mais específica, em um aparelho transmissor chamado rádio. Esse veículo, engenhoca mecânica utilizada oficialmente pela primeira vez no Brasil em 1922, vai ganhar imensa importância nos anos 1930, a ponto de caracterizar toda uma década: a Era do Rádio.

— 131 —

As sedes das emissoras serão construídas para comportar também palcos. Os auditórios — da Rádio Tupi, Nacional, Continental — darão origem aos famosos concursos entre intérpretes femininas. As "cantoras do rádio" mobilizariam plateias de fãs e dividiriam em "torcidas" as preferências nacionais. É o tempo de Emilinha, Marlene, Dalva de Oliveira, Aracy de Almeida, entre outras divas da canção brasileira.

A idolatria do rádio e da música se estenderá também ao futebol. Nesse terreno, o grande ídolo nacional será o jogador de origem negra, Leônidas da Silva (1913-2004), popularizado como "Diamante Negro", em alusão a uma marca de chocolate já muito famosa à época no Brasil. Leônidas será conhecido também por vários outros apelidos, como "Magia", "Craque de Ébano", "Homem-elástico" e "Homem de Borracha", este último em razão de sua elasticidade e de sua compleição atlética.

Leônidas da Silva foi, por exemplo, quem divulgou a acrobática jogada da "bicicleta". Esta consistia em dar um salto no ar, com o corpo posicionado de costas para o gol, dentro da grande área do adversário. Graças à sua impulsão corporal, Leônidas colocava as pernas acima da altura da cabeça, fazia um giro e rodopiava com os pés; ato contínuo, num milésimo de segundo, chutava a bola, inapelável, contra a meta do arqueiro.

A consagração do goleador culminaria durante a realização da Copa do Mundo de 1938, quando, pela primeira vez, foi transmitido ao vivo pelo rádio, diretamente do país-sede, a França. A locução foi feita por Gagliano Neto, da Rádio Clube do Brasil (PRA-3), pertencente à cadeia de emissoras Byington, com transmissões diretas das cidades francesas de Estrasburgo, Bordeaux e Paris. A população, que até então acompanhava os resultados nas sedes dos jornais, agora podia seguir a partida do selecionado brasileiro em família, dentro de seu próprio lar.

Ao lado de Gagliano, os locutores Oduvaldo Cozzi e Ary Barroso foram outros pioneiros do radialismo esportivo. Dizia-se que Cozzi era tão bom narrador que sua transmissão fazia lembrar a televisão, tamanha a fidelidade com que relatava os lances do jogo. Os televisores, ainda em fase de experiência nos Estados Unidos, só viriam a ser lançados no Brasil durante a década de 1950.

A Seleção Brasileira terminou a competição na terceira colocação da Copa, e o centroavante Leônidas sagrou-se o artilheiro da competição, com oito gols. O retorno da equipe ao país foi consagrador, com uma recepção festiva e calorosa da população, que se sentia orgulhosa com o feito da equipe. Em um navio a vapor, a delegação atracou em capitais como Recife e Salvador, onde foi saudada por milhares de lencinhos nos cais, até desembarcar no Rio de Janeiro. Na capital, os jogadores e todo o elenco foram recebidos com apoteose pelo povo.

★ ★ ★

O que teria a ver esse evento futebolístico, e a figura popular de Leônidas, com o escritor José Lins do Rego em seus primeiros anos no Rio de Janeiro? Resposta: tudo.

A transmissão da Copa de 1938 pelo rádio e o desempenho do jogador do Flamengo teriam um impacto decisivo na vida do romancista paraibano. Quando da realização da Copa, havia apenas três anos que José Lins habitava no Rio. O futebol foi para José Lins uma espécie de revelação súbita, de inesperada descoberta. O literato era até então relativamente indiferente aos esportes. Durante os anos 1920, chegara a acompanhar as corridas de regatas no leito do rio Capibaribe, na capital pernambucana, e torcia, embora sem muito entusiasmo, pelo América de Recife. A adesão ao futebol, após o acompanhamento da Copa e o descobrimento do jogador Leônidas, revelou então um vibrante e entusiasmado torcedor.

De certo modo, o futebol possibilitou o enraizamento e a melhor integração do autor na cidade do Rio. José Lins chegara à capital da República motivado pelo sucesso nas vendas de seus livros e pela transferência de seu ofício de funcionário público federal, passando a trabalhar como fiscal do imposto de consumo em Niterói, então capital do estado. Ainda naquele mesmo ano de 1938, queixava-se por carta a Gilberto Freyre, na qual ressaltava a sua falta de ânimo — tinha um temperamento oscilante, dir-se-ia melancólico — e o seu isolamento

— 134 —

no Distrito Federal: "Faltando você, como pode aguentar a vida este seu fraco amigo?"

Embora seja possível apenas fazer conjecturas, tudo leva a crer no papel reanimador e socializador do futebol em sua vida. A conversão se deu não apenas para o futebol, mas estendeu-se para um clube de extração popular, que era o time em que atuava Leônidas da Silva: o Clube de Regatas do Flamengo. Havia pouco tempo, o clube contratara ídolos de origem operária e popular que atuavam na Seleção Brasileira, como Leônidas, Domingos da Guia e Fausto dos Santos (a "Maravilha Negra"). Assim, o Flamengo, que era um time de elite como os outros grandes clubes da Zona Sul da cidade, se popularizava na proporção em que o próprio futebol se tornava profissional.

A década de 1930 havia assistido à adoção do profissionalismo no futebol, medida que contribuía para acabar com o caráter elitista do esporte, considerado até então uma atividade amadora, praticada por jovens atletas, estudantes das faculdades de engenharia, medicina e direito, pertencentes às classes altas da sociedade. Entre eles, prevaleciam o apego às origens e um regime de exclusão, que visavam impedir a presença e a participação das camadas populares no jogo.

Futuro grande amigo de José Lins do Rego, o jornalista Mário Rodrigues Filho (1908-1966) foi um dos principais artífices das mudanças no futebol do Rio de Janeiro. Desde o início, colocou-se a favor da

— 135 —

profissionalização do esporte. Filho de um proprietário de jornal que se mudara do Recife para o Rio,
Mário começou a trabalhar na seção de esportes de
O Globo em 1931, onde passa a fazer reportagens ino-
vadoras sobre futebol na coluna "Da Primeira Fila".

A polêmica entre defensores do profissionalismo e
adeptos do amadorismo vai perdurar por pelo menos
quatro anos, de 1933 a 1937. Durante esse tempo, o
Campeonato Carioca é disputado em dois torneios
distintos, com duas ligas a expressar as discordân-
cias entre os dirigentes. Somente em 1938, ano da
Copa que tanto fascina José Lins, o debate chega ao
fim, com a liga do profissionalismo saindo vencedora.

Em meio a esse quadro de popularização, a adesão de José Lins ao futebol faz com que o escritor se
aproxime do jornalista Mário Filho. Este, sabedor
da importância do romancista, convida-o a escrever
uma coluna regular do *Jornal dos Sports*, jornal de
que era proprietário. Sem pestanejar, José Lins
aceita a proposta. Ao todo, por quase 12 anos, ele
escreverá diariamente uma coluna intitulada "Esporte e Vida". Assim, de 1945 até 1957, o ano de
sua morte, o escritor computará um total de mais
de 1.500 crônicas esportivas, conforme pesquisou
Edilberto Coutinho.

José Lins já colaborava com regularidade em dois
jornais da cidade: *O Globo*, de seu amigo Roberto
Marinho, onde assinava a coluna "Conversa de Lotação"; e *O Jornal*, de seu conterrâneo Assis Chateaubriand, onde escrevia a coluna "Homens, Seres e

Coisas". Além disso, chegou a ler suas crônicas nas estações de rádio da cidade, hábito frequente entre os literatos da época.

A parceria entre Mário Filho e José Lins do Rego será frutífera não apenas nos jornais, mas também nos livros. A partir da década de 1940, o proprietário do *Jornal dos Sports* se empenha na tarefa de contar a história do futebol brasileiro. Para isso, recorre à memória dos primeiros tempos do jogo da bola no Brasil, até a entrada dos jogadores negros com a instituição do profissionalismo.

Tal memória é fruto também de um projeto de pesquisa, com entrevistas e consultas a álbuns que contêm recortes de jornal, feitos pelos atletas amadores. O trabalho é publicado em uma série de livros ao longo da década de 1940. O primeiro deles chama-se *Copa Rio Branco, 32* e é lançado em 1943, onde aborda a conquista dessa taça disputada contra os uruguaios, à época uma seleção quase imbatível, bicampeã olímpica (1924 e 1928) e o primeiro selecionado vencedor de uma Copa do Mundo (1930).

Um dos responsáveis pela conquista da Copa Rio Branco é justamente Leônidas da Silva, que despontava naquele ano de 1932. No mesmo ano de lançamento de *Fogo morto*, José Lins é convidado a prefaciar o primeiro livro de Mário Filho sobre futebol. Nele, defende a ideia de que a vitória brasileira se devia à entrada dos jogadores negros no plantel do time e à mistura racial da equipe. No prefácio, diz com entusiasmo:

Os rapazes que venceram em Montevidéu eram um retrato de uma democracia racial, onde Paulinho, filho de uma família importante, se uniu ao negro Leônidas, ao mulato Oscarino, ao branco Martins. Tudo feito à boa moda brasileira, na mais simpática improvisação. Lendo este livro sobre futebol, eu acredito no Brasil, nas qualidades eugênicas dos nossos mestiços, na energia e na inteligência dos homens que a terra brasileira forjou com sangues diversos, dando-lhes uma originalidade que será um dia o espanto do mundo.

(Prefácio a Mário Filho, *Copa Rio Branco,* 1932, p. 7 e 8)

Esse trecho mostra como as ideias de José Lins do Rego se aproximam da concepção de Gilberto Freyre sobre a formação da sociedade brasileira, sendo o próprio José Lins quem apresenta o autor de *Casa-grande & senzala* ao jornalista Mário Filho. Se, dois anos depois do primeiro livro, Mário Filho publica *Histórias do Flamengo* (1945), uma homenagem à comemoração dos cinquenta anos do "clube mais querido do Brasil", como dizia um bordão na época, o projeto de livro mais ambicioso de Mário Filho ainda estava por vir.

Em 1947, o jornalista reúne crônicas que escrevia há cinco anos em *O Globo*, com o título de "O negro no futebol brasileiro", onde se empenhará em contar o processo lento e gradual de democratização desse esporte no Brasil. Seu relato será publicado, dessa vez com o prefácio de Gilberto Freyre, que também se impressionara com o futebol brasileiro a partir da

Copa de 1938. O sociólogo pernambucano elege dois jogadores negros para exemplificar os estilos originais do "jogar à brasileira": o defensor Domingos da Guia e o atacante Leônidas da Silva.

★ ★ ★

Embora a década de 1930 marque a descoberta e o encantamento de José Lins com o fenômeno futebolístico, não se deve presumir que ele tenha deixado de lado o seu interesse pela literatura.

No mesmo ano em que *Riacho Doce* (1939) vem a lume, José Lins é deslocado de suas funções burocráticas na capital carioca e é indicado a habitar no interior do Rio de Janeiro. O escritor vai para a Região dos Lagos, com a obrigação de continuar a exercer as suas funções de fiscal de consumo, mais precisamente na cidade de Cabo Frio. Assim como no bairro litorâneo de Riacho Doce, a vivência na região praiana das salinas de Cabo Frio e das lagoas de Araruama serve de inspiração para José Lins escrever um romance que será publicado em 1941: *Água-mãe*.

Talvez uma das maiores ousadias nesse romance tenha sido a inclusão do futebol no corpo da narrativa, fato praticamente inédito na ficção naqueles princípios de anos 1940. Lembre-se que o autor vivia o impacto da Copa de 1938 e do desempenho de Leônidas da Silva nela. Dentre as várias histórias que se entrecruzam, José Lins constrói a personagem do jogador de futebol. Joca, um humilde filho de pescadores, almeja a fama em um clube de futebol profissional do Rio de Janeiro. Saído de um pequeno clube amador do interior, o Tamoio, Joca vai jogar no Fluminense e daí em diante ganha projeção na capital do país.

A glória do jogador, contudo, não impede uma crítica implícita contida na ficção. José Lins mostra a notoriedade, mas também a fugacidade da trajetória de um jogador oriundo das classes populares nos esportes, algo, diga-se de passagem, nada inverossímil para quem acompanha a realidade do jogador brasileiro em seu dia a dia.

A estada de José Lins em Cabo Frio não se prolongaria. Já no início da década de 1940, o escritor estaria de volta à capital, onde passaria a morar na rua General Garzon, número 10, no bairro do Jardim Botânico, nas proximidades do Leblon e da lagoa Rodrigo de Freitas. O futebol continua a motivá-lo de corpo e alma, como o fizera desde 1938, acompanhando de perto Leônidas nos estádios, que atuará no Flamengo até 1942, quando se transfere, em transação milionária segundo os padrões da época, para o São Paulo Futebol Clube. O ídolo vai, mas a flama pelo clube perdurará até o fim da vida.

M m

Memória e imaginação

> [...] a memória é a mais épica das faculdades.
>
> (Walter Benjamin, *O narrador: considerações sobre a obra de Nicolai Leskov*)

Se a memória consiste no reavivamento das experiências do passado, se ela tem a propriedade de conservar informações do *tempo morto* — para utilizar uma expressão de Gilberto Freyre —, de que forma ela apareceria na ficção, terreno supostamente reservado à invenção pura, ou, para ficarmos na etimologia, do fictício?

A memória criadora vai ser apropriada na literatura contemporânea pelo escritor francês Marcel Proust (1871-1922). Depois de séculos de construção lenta da moldura e da tradição do romance ocidental, através de escritores do porte de Dostoievski, Tolstoi, Stendhal, Flaubert e Victor Hugo, para ficarmos apenas com alguns, eis que surge Proust no início do século XX. Trata-se de um romancista que se apropria da memória de uma maneira original, e nunca antes vista. Proust chamaria a atenção pelo caráter monumental com que descreveria suas recordações nas sete grandes partes da série *Em busca do tempo perdido*.

★ ★ ★

O campo literário não deixaria de ser afetado por essas transformações na ciência e na filosofia e daria início ao chamado romance de fluxo. No Brasil, José Lins do Rego vai ser um dos primeiros autores associados a esse gênero de vanguarda e isto não apenas por ter sido um leitor precoce da ɔbra de Proust no Brasil, seguindo a sugestão do amigo Gilberto Freyre. Foi o modernista Paulo Prado quem, ao apresentar a obra de José Lins do Rego ao vanguardista Blaise Cendrars, em visita ao Brasil, caracterizou o romancista com a comparação: "é o nosso Proust."

Cendrars de fato se encantou com a obra de José Lins que, junto a Aleijadinho, Raul Bopp e Jorge de Lima, formavam o seu "Brasil mágico". A euforia se deu a ponto de ele vir a prefaciar a tradução francesa de *Menino de engenho,* nos anos 1950. No prefácio de *L'enfant de la plantation*, o escritor franco-suíço exprimia sua emoção da seguinte maneira: "não sei como nem por quê, mas quando leio estas páginas pássaros pulam de uma linha a outra. Meu sangue corre mais depressa."

De forma deliberada ou não, com influências externas ou dotado de autonomia, o fato é que *Menino de engenho* apresenta várias características proustianas. Nela, o escritor desce livre através da memória rumo ao reino da infância do narrador. Com a história, adentra na intimidade da personagem principal, que é ele próprio, em criança. Nesse livro o fluxo narrativo não se estrutura de modo convencional, segundo os cânones do drama, com uma apresentação seguida de uma confrontação e de um clímax, a resolução. Ao longo das 21 divisões da novela de estreia, a narrativa de José Lins quase não subordina um episódio ao seguinte, mas os coordena, um ao lado do outro, com cenas adjacentes e contíguas que acabam por compor um mosaico.

O caráter livre da sua escrita de estreia chegou a gerar dúvidas classificatórias em torno da obra de José Lins. Afinal, ele escrevia novela, romance ou autobiografia? Segundo explicação do próprio autor, de início previa um livro de memórias, mas, à medida que escrevia, transformou-o em ficção.

Quanto à classificação, o crítico baiano Eugênio Gomes assim considerou: "A rigor, não são romances, quando nada consoante a classificação que nos propõe, para esse gênero, Ramón Fernández. São, antes, narrativas meio autobiográficas em que o autor interfere deliberadamente."

Outra proximidade com *Em busca do tempo perdido* é que o passado é reavivado por meio da descrição de uma série de apelos sensoriais: o cheiro do melaço da cana quando cozido; a água fria e barrenta dos banhos de açude tomados com os moleques; o silvo do trem passando na estrada de ferro ao longe;

o mugido dos bois sendo tangidos para o pasto; o grito imperial do avô dando ordens do alpendre da casa-grande. *Menino de engenho* é movido por um sem-número de sensações olfativas, gustativas, auditivas, que contribuem para a recomposição do tempo, através daquilo que Peregrino Júnior denominou "a prospecção mais funda das jazidas do inconsciente".

A estruturação romanesca se assemelha ainda com Proust — a tradutora italiana Luciana Stegagno Picchio chamou José Lins de "Proust rústico" — em razão de seu caráter cíclico, em que um livro se desdobra em outro para compor, afinal, uma única grande obra, como no caso do ciclo da cana-de-açúcar.

Além dos elementos formais, há a relação entre a realidade e a imaginação. O que é inventado e o que é lembrado? Como discernir fictício de real? Em *Menino de engenho*, a mudança de nomes das personagens e dos lugares, por exemplo, mal disfarça a paisagem de origem que emoldura o engenho do avô. Alguns episódios não chegam a ser modificados. Permanecem intactos na transposição de suas reminiscências, até a publicação de sua autobiografia, *Meus verdes anos*.

Essa derradeira obra permite a comparação da obra de ficção com o universo da infância, tal como o autor se recordava na década de 1950. À luz dessa autobiografia, é possível reler o conjunto ficcional de José Lins e elucidar as relações entre "arte e realidade". A busca de inspiração em personagens reais e em dados factuais, conhecidos por José Lins, foi o ponto de partida para sua literatura. Inspirar-se em um nome, em um sítio ou em um episódio verídico foi a base para uma invenção subsequente.

Assim, pode-se dizer que Ricardo, o moleque que dá nome ao quarto romance de José Lins do Rego, existiu de verdade, mas a trama relativa a essa personagem em fuga do engenho para a cidade — até seu triste fim no degredo da ilha de Fernando de Noronha — foi inventada pelo autor e não chegou a ocorrer concretamente.

É o que o leva a afirmações categóricas: "Nada me arreda de ligar a arte à realidade e de arrancar das entranhas da terra a seiva dos meus romances e de minhas ideias. [...] Só me abalanço a expor a coisa observada e sentida. Nada me interessa fora dos acontecimentos." [...] "Os meus personagens têm sempre, pelo menos, um quarto de realidade." [...] "— Não há dificuldade nenhuma. Tudo o que eu boto nos livros está dentro de mim. Quando escrevo, aquilo vai correndo sem esforço; é como se eu furasse uma pipa."

O traço mnemônico da obra de José Lins, sempre em relação com o passado, com a infância e com a região de origem, vai assim contribuir para dar um tom original a uma das tradições literárias mais ricas no Brasil, o memorialismo.

N n

Naná

> Por trás de um grande homem existe sempre uma grande mulher.

> (Dito popular)

José Lins do Rego conheceu Philomena Massa no ano de 1924, pouco depois de formado pela Faculdade de Direito de Recife. O inesperado encontro com a conterrânea selaria um destino a dois, que se prolongaria por 33 anos, até o falecimento do escritor. Eles se conheceram fortuitamente em uma estação de trem a caminho de João Pessoa, onde José Lins voltava a residir depois da formatura.

A cerimônia de casamento ocorreu a 21 de setembro daquele ano na capital do estado, antiga Nossa Senhora das Neves. O acontecimento é comunicado a Gilberto Freyre, então na capital pernambucana, por telegrama. Quase uma semana depois, José Lins endereça ao amigo uma carta em que fala da esposa, apenas quatro anos mais nova que ele, com "transbordante ternura".

José Lins e Philomena tiveram três filhas: Maria Elisabeth, Maria da Glória e Maria Christina. Conforme dizia José Lins, foi a mulher quem lhe pôs "chumbo nos pés", em referência à sua capacidade de conter os frequentes devaneios e os acessos de melancolia do autor. Philomena, conhecida entre os íntimos como Naná, era também chamada na família pelo diminutivo carinhoso de Nazinha. Era filha de um importante político da Paraíba, o senador Antônio Sanchez Massa (1864-1958).

Antônio Massa viveu quase até os 100 anos e foi considerado uma das figuras mais singulares da Primeira República. Na condição de parlamentar, ocupou uma vaga no Senado Federal durante mais de uma década: de 1919, em fins da Primeira Guerra, até 1930, quando eclodiu a Revolução. Amigo íntimo de Epitácio Pessoa, então na presidência da República, Massa deu sustentação no Legislativo brasileiro à época de seu mandato presidencial. O pai de Naná, por sua vez, era admirado entre os políticos mais jovens, como Fernando da Cunha Nóbrega, que mais tarde chegaria a ser prefeito de João Pessoa, entre 1938 e 1940, além de ministro do Trabalho de Juscelino Kubitschek nos anos 1950.

Em depoimento evocativo, o poeta alagoano Lêdo Ivo descreveu uma anedota pitoresca, que é reveladora da personalidade do pai de Naná:

A aventura literária de José Lins do Rego começa na minha cidade natal, começa em Maceió. Ele casou-se com uma moça, d. Filomena, uma paraibana como ele, filha do senador Massa. Aliás, esse senador foi uma das figuras mais singulares da

Velha República. Contava-se até uma história engraçada, que um dia o senador Massa estava numa barbearia, e lhe diz o barbeiro: — Senador, ontem o fulano de tal passou aqui e falou muito mal do senhor. Então disse o senador: — Eu não me lembro de ter arranjado algum emprego para esse rapaz. É que o senador Massa só imaginava ingratidão de quem ele tinha ajudado. Foi nessa família do senador Massa que o José Lins do Rego se integrou. Depois foi nomeado promotor em Manhuaçu, uma cidade mineira, e em 1926 ele chegou a Alagoas.

(discurso na ABL)

Para Naná, o tempo em que moraram em Maceió foi uma espécie de "idade de ouro". Em Alagoas, nasceram suas três filhas, chamadas carinhosamente Betinha, Glorinha e Christina. As duas primeiras tinham diferença de apenas um ano de idade, enquanto a caçula era temporã, com nove anos a menos que as irmãs. A capital do estado era uma tranquila cidade, então com cerca de 100 mil habitantes, e começava a conhecer carros e seus luxuosos modelos importados: Buicks, Oldsmobiles e Chevrolets.

José Lins morou de início na rua Barão de São Félix. A família mudou-se em seguida para a avenida da Paz, 1.228, onde moraram em uma casa grande, fronteiriça ao mar. Nela, o autor escreveu os seus três primeiros romances: *Menino de engenho* (1932), *Doidinho* (1933) e *Banguê* (1934).

Em Alagoas, José Lins tinha hábitos matutinos, que conservaria ao longo da vida: usava robe xadrez, costumava dormir entre nove e meia e dez horas da noite, e gostava de acordar bem cedo, entre seis e sete da manhã. Tão logo acordava, chupava duas laranjas, tomava mate torrado e escrevia as suas crônicas para os jornais. Cuidadoso com as filhas, ele passeava em companhia das babás das crianças — a Maricota e a Damiana — e da esposa, Naná. Um dos passeios preferidos era a praia Formosa. Por essa época também, conheceu o bairro litorâneo de Riacho Doce, cenário para o romance homônimo, que seria lançado em 1939.

Os anos passados naquela cidade foram marcados por um bom ambiente de convívio social. Homem sociável e expansivo, José Lins gostava de receber os amigos em casa para jogar pôquer. Naná e o marido costumavam recepcionar os casais de amigos, como Gilberto Freyre e Madalena, quando vinham de Recife, Luiz Jardim e Alice, além de Cícero Dias e Raimunda, íntimos da casa.

Apreciador de dança, também frequentava os clubes recreativos e carnavalescos da cidade. Naquela época, o carnaval alagoano se dividia em dois cordões, o Vermelho e o Azul. A cidade era rica em tradições populares, com a Folia de Reis, a Lapinha e as Pastorinhas dos autos de Natal.

Em Maceió ainda, José Lins descobriu aquele que seria um de seus *hobbies* preferidos pelo resto da vida: a prática de jogar tênis. Décadas depois, ao viajar para a França, não deixaria de assistir a uma partida no estádio parisiense de Roland Garros, mítico por seu torneio internacional.

Segundo Naná, os tempos em Alagoas foram os mais felizes de sua vida. Foi o prestígio literário de José Lins — "o grande crítico do Norte" — que fez a família se transferir para o Rio de Janeiro. Naná teve dificuldades iniciais de adaptação ao Rio. O trabalho de José Lins ficava na região fiscal de Niterói, que então circunscrevia Araruama e toda a Região dos Lagos.

Com certa frequência, tinha de pegar uma Cantareira e se transladar de barca para o outro lado da baía de Guanabara. Durante certo tempo, chegou a morar em Cabo Frio, fonte de inspiração para o romance *Água-mãe*, tendo de ficar períodos de tempo distante da família.

De todo modo, na *ville merveilleuse* — a expressão é da neta de Victor Hugo, que esteve no Rio em 1912 —, como ficou conhecida a cidade a partir dos anos 1930, após a famosa marchinha de André Filho, José Lins, a mulher e as filhas iriam morar em três casas distintas. Todas se situavam na Zona Sul da cidade. A primeira foi no Humaitá, na rua Alfredo Chaves, onde residiram durante cinco anos, de 1936 a 1941.

Foi nela que hospedaram Graciliano, quando este foi libertado da cadeia. Depois, a família se mudou para local não muito distante, mais precisamente na rua Conde de Irajá, no bairro de Botafogo. Mas por lá ficou apenas o ano de 1942, em plena Segunda Guerra Mundial.

Ainda moravam em Botafogo quando Naná e José Lins resolveram comprar um terreno no Jardim Botânico. Ainda sem o imóvel, a área adquirida ficava na rua General Garzon, número 10, em frente ao Jockey Club e bem pertinho do parque Jardim Botânico.

A compra foi feita com o dinheiro que havia sobrado da venda dos engenhos da família de José Lins. Fora Naná, mais precavida, quem tivera a ideia do investimento. O espaço ficava muito bem-situado, nas imediações da lagoa Rodrigo de Freitas. Aos poucos, foram construindo a casa, à qual faziam visitas para acompanhar a empreitada. O arquiteto responsável foi indicação de um amigo, o historiador Octávio Tarquínio de Souza (1889-1959), casado com a escritora Lúcia Miguel Pereira (1901-1959), biógrafa de Machado de Assis e Gonçalves Dias.

Assim que a casa ficou pronta, passaram a residir nela e ali ficaram pelo resto da vida. De início, a residência chegou a sofrer com as enchentes. O canal transbordava, inundando ruas e casas. Dona Naná tinha de retirar os móveis para o segundo andar da residência. Recorda-se Maria Christina:

> Logo, logo, quando a água baixava, tratavam de limpar a casa, colocavam tudo nos lugares e ninguém pensava mais no assunto. A verdade é que foram várias enchentes, umas piores que as outras. Quando começava a chover forte, os sofás iam para cima da mesa, retiravam-se os tapetes, mesinhas, tudo era removido. Minha mãe organizava bravamente a operação enchente, sem jamais desvalorizar o Garzon.

> (*Jacarandás em flor*, p. 19)

As chuvas traziam problemas para a vida não só da família Lins do Rego, mas da população do Rio de Janeiro como um todo. Desde aqueles tempos, quando Negrão de Lima era prefeito, nomeado em 1956, um ano antes do falecimento de José Lins, a cidade padecia com as inundações.

Aliás, a lagoa Rodrigo de Freitas já apresentava problemas de saneamento naquela época. Pela primeira vez aterrada e urbanizada nos anos 1920, quando o prefeito Carlos Sampaio deu início à avenida Epitácio Pessoa, a lagoa sofria com a mortandade de peixes, decorrência da poluição. Por conta disso, exalava mau cheiro pelas redondezas.

Em texto de jornal, escrito nos anos 1940, "O cronista, as borboletas e os urubus", José Lins descreve de que maneira suas expectativas vão sendo contrariadas durante um passeio pela Rodrigo de Freitas. Em meio à constatação da sujeira e do odor fétido exalado da lagoa, o cronista deixa de lado o tom lírico para responsabilizar os órgãos públicos competentes pelo descaso:

> Fui hoje pela manhã, em caminhada a pé, até o estádio do Flamengo com o intuito de assistir ao treino do rubro-negro. A manhã era toda uma festa de luz sobre as águas, os morros. Alguns barcos ainda se encontravam na lagoa e os pássaros do arvoredo da ilha do Piraquê cantavam com alegria de primavera.
>
> Tudo estava muito bonito, e o cronista descuidado e lírico começou a caminhada para gozar um

— 153 —

pedaço desta maravilhosa cidade do Rio de Janeiro. E com esse propósito, de camisa aberta ao peito, procurou descobrir as borboletas azuis do seu caro Casimiro de Abreu.

Mas, em vez das lindíssimas borboletas, o cronista foi encontrando soturnos urubus, a passearem, a passo banzeiro, por cima do lixo, das imundícies, dos animais mortos, de toda a podridão que a prefeitura vai deixando ali, por detrás dos muros do Jockey Club. Fedia tanto o caminho que o pobre cronista, homem de noventa quilos, teve que correr para fugir o mais depressa possível daquele cenário nauseabundo.

A manhã era linda, e o sol, apesar de tudo, brilhava sobre o lixo, indiferente a todo aquele relaxamento dos homens.

(*Flamengo é puro amor*, p. 34)

O relato crítico não compromete as boas recordações. José Lins jogava tênis com as filhas no Clube Piraquê e gostava de ir ao cinema com toda a família. Quando ia ao Centro, pegava um lotação no ponto do Jockey Club e da conversa com os passageiros extraía a matéria-prima para as suas crônicas do dia seguinte no jornal *O Globo*.

Os tempos da rua General Garzon ficaram gravados na memória familiar. No escritório daquela casa, José Lins escreveu o seu último romance, *Cangaceiros*. O livro foi dedicado à esposa: "À Naná, minha mulher, constância de energia em minha vida."

— 154 —

O o

Opulência e decadência

Uma das caracterizações mais comuns que se faz de José Lins do Rego é a de um "romancista da decadência". É ele o "trovador trágico da província", como diz Carpeaux, em apoio à primeira expressão, de autoria do crítico Antonio Candido. O escritor paraibano seria alguém que, passado o tempo de fausto e glória no engenho do avô, testemunhou o fim de uma era, o término de um ciclo econômico.

A narração da decadência é feita sempre por meio de imagens naturais e telúricas, que fazem alusão ao estado da natureza e ao de banguês em ruínas, como em *Fogo morto*:

> A terra cobria-se de flores que enfeitavam as estacas do cercado. O bueiro do engenho, com a boca suja de fumaça velha, o telheiro encardido de lodo, e a manhã feliz, no cantar dos passarinhos, na luz gritando sobre as coisas que cobria (p. 228-9).

Décadas atrás os economistas explicavam a história da produção brasileira com base em ciclos. Como o ir e vir das ondas, a economia fazia um movimento

contínuo, com vagas de subida e descida. Este varia-
va de acordo com a oscilação das levas de produtos
agrícolas e extrativistas que adquiriam valor no
mercado internacional: cana-de-açúcar, cacau, ouro,
borracha, café, erva-mate, pedras preciosas etc.

Todos esses, explorados de maneira intensiva,
proporcionaram, durante um determinado período
histórico, fortuna para os seus produtores e, é claro, penúria para os escravos — depois da Abolição
(1888), tal penúria se estenderia para os trabalhadores assalariados.

As plantações canavieiras do Nordeste foram as
que prevaleceram por mais tempo em nossa história, a ponto de confundir-se com a própria imagem
do Brasil colonial. Após a ocupação inicial da faixa
litorânea da costa brasileira, e de uma fase de extração do pau-brasil, o português fixou-se à terra, com
a instalação de unidades produtivas importantes:
os engenhos açucareiros. O lugar escolhido para a
sedimentação do homem no campo foi a Zona da
Mata nordestina, por meio da agricultura, em área
propícia à monocultura destinada à exportação, com
base na mão de obra escrava proveniente da África.

A obra literária de José Lins do Rego ficou marcada por tais reminiscências de menino de engenho,
crescido num momento em que o apogeu da cana-
de-açúcar findara. Enquanto Freyre se consagrou
como estudioso desta história social, levantando
arquivos e visitando as casas-grandes em ruínas,
José Lins vivenciou aquele mundo durante a infân-

— 156 —

cia, em princípios do século XX, e o transplantou inventivamente para os seus romances.

★ ★ ★

O ciclo de altos e baixos da economia serve para caracterizar as fases históricas e tem como fundamento a economia. Essas oscilações também podem ser estendidas à narração da vida humana em termos cíclicos. Em ambos os casos, nas histórias de vida e na história econômica, existe o hábito de se fazer um contraponto entre um passado opulento e um presente decadente.

Opulência e decadência talvez sejam um dos pares universais mais caros ao ser humano. A imagem de força-riqueza é contrastada com a de fraqueza-pobreza. Há várias razões que explicam o declínio humano, desde o relato bíblico da "queda", que se segue ao pecado original de Adão.

★ ★ ★

Sendo um tema demasiado humano, e enraizado historicamente, a decadência não deixaria de ser tematizada pela literatura. Em obra sobre o herói ocidental em decadência, Vianna Moog (1906-1988), que era amigo de José Lins do Rego, elegeu representantes literários decadentes para cada grande época: um para o mundo antigo, outro para o medieval e um terceiro para o moderno. Os escolhidos foram, respectivamente: o Petrônio de *Satíricon*; o Cervantes de *Don Quixote* e o Machado de Assis de *Memórias póstumas de Brás Cubas* — embora este último pudesse ser apropriadamente o José Lins de *Fogo morto*.

Ao narrar o desmoronamento dos engenhos, José Lins mostra como o engenho se desagrega dando lugar à usina, a nova unidade produtora, mecanizada, capaz de substituir a aristocracia pela burguesia do açúcar. A força humana tem de ceder aos poderes da mecânica. Abre-se, com isto, uma nova fase de avanço e progresso, que restaura o ciclo ininterrupto de sucessões entre o velho e o novo.

O processo histórico dessa mudança foi assinalado por Sérgio Buarque de Hollanda, que cita nominalmente José Lins do Rego em *Raízes do Brasil*:

> Aos barões do açúcar não restava, com a desagregação dos seus domínios, senão conformarem-se às novas condições de vida. Um romancista nordestino, o Sr. José Lins do Rego, fixou em episódios significativos a evolução crítica que ali também, por sua vez, vai arruinando os velhos hábitos patriarcais, mantidos até aqui pela inércia; hábitos que não só o meio já deixou de estimular, como principia a condenar irremediavelmente. O desaparecimento do velho engenho, engolido pela usina moderna, a queda de prestígio do antigo sistema agrário e a ascensão de um novo tipo de senhores de empresas concebidas à maneira de estabelecimentos industriais urbanos indicam bem claramente em que rumo se faz essa evolução.

Desse modo, cabe a José Lins a primazia de retratista do mundo canavieiro em decomposição. É todo um conjunto que se desfigura: o homem, o engenho, a paisagem, a ordem econômica, a classe social... É o menino Carlinhos, que vai estudar em um internato; é o moleque Ricardo, que cresce e foge para trabalhar na cidade; é a tia Maria, que se casa e vai viver em outro engenho; é o coronel José Paulino, que assiste ao lento decair de seu patriarcado. São personagens em retirada, num mundo que se acelera em incessantes transformações.

A queda da unidade produtiva do açúcar é expressa mediante uma degeneração que é, a um tempo, familiar e geracional. Daí o sentimento de frustração que ressoa nos romances de José Lins: o neto Carlinhos é incapaz de dar continuidade à obra do avô, o coronel José Paulino.

A opulência deste é seguida à decadência daquele, o que gera o tom melancólico. Alguns críticos veem neste traço paralelos com a obra de Eça de Queiroz, seja o romance *A ilustre casa de Ramires* (1900), que coloca em um mesmo plano os personagens Carlos de Melo e Gonçalo Mendes Ramires, seja a explícita referência a *Os Maias* (1888), em *Banguê*, nos quais se assemelhariam os velhos patriarcas Afonso Maia e José Paulino.

Para outros críticos, como Tristão de Athayde, o termo de comparação da obra de José Lins deveria ser buscado nos romancistas franceses:

Assim como Balzac estudara, nos seus romances, a formação da grande burguesia em França no início do século XIX e Proust a decadência da nobreza e dessa grande burguesia, no fim do século — o nosso sertanejo do Pilar, filho desse patriarcado rústico, vinha refletir nos painéis épicos do seu grande mural a morte dos banguês, a agonia dos engenhos, o domínio crescente das usinas; em suma, a desumanização da economia pela mecanização da lavoura e, com isso, a ruína do patriarcado e a dispersão de um povo, descendente dos escravos de outrora, e ainda não fixado no trabalho livre.

Não importa qual seja o termo de comparação, fica a certeza de que se trata de uma obra capaz de aliar os grandes quadros da literatura e da história. É como se José Lins conseguisse conciliar molduras épicas — *Fogo morto* — com olhos líricos — *Menino de engenho*. Enfim, cenários que se apagam, no fim de uma vida (o avô José Paulino, o velho banguê), com cenários que se acendem, no alvorecer de um menino (o neto Carlinhos), ou no reinar de uma nova era (as possantes usinas).

P p

Paixão rubro-negra

[...] o rude, o desmedido, o sem medo, o impávido, quase que louco, o generoso e bom Flamengo, o clube de todo o Brasil.

(Flamengo é puro amor, p. 62)

Deixa quem quiser falar/ pois quem fala tem é mágoa/ sou Flamengo em terra firme/ e até debaixo d'água.

(marchinha carnavalesca, anos 1940)

Os amigos, e todos que conviveram com José Lins do Rego, testemunham um fato: o autor de *Fogo morto* foi um fanático torcedor do Flamengo. O escritor era desses que passava mal ao assistir às partidas do seu clube: "Voltei ontem a ter a boca amarga, pulso 120, e angústia fria no coração. Voltei a ver o Flamengo em partida de futebol." A adesão ao time rubro-negro chegava ao ponto de discutir, e até de brigar, com adversários de outros times, fossem eles tricolores, vascaínos ou botafoguenses. Depois de uma ou outra provocação, por mais de uma vez, foi às vias de fato nos estádios de equipes rivais.

O jornalista Mário Filho era o amigo fiel nas canchas futebolísticas. Antes das partidas, passava na casa de José Lins para dar-lhe carona aos estádios da Zona Sul — Gávea, Laranjeiras —, da Zona Norte — o campo do Vasco em São Cristóvão — e até nas arenas mais acanhadas do subúrbio do Rio. Em *Histórias do Flamengo*, escrito por Mário Filho em 1945, quando o clube completou 50 anos de existência, o jornalista registra vários episódios de arquibancada, em que descreve José Lins tenso com o desenrolar da partida, a temer um gol fatal contra o seu time do coração.

Sua passionalidade era sobremaneira conhecida de todos. Há registros de discussões, entreveros e até sururus: um no campo do Botafogo, em General Severiano, e outro no estádio do Vasco, em São Januário. Neste, tornou-se *persona non grata*, no que seguiu outro folclórico flamenguista, Ary Barroso. O radialista, sempre com sua indefectível gaitinha, anunciadora do gol rubro-negro, foi também impedido durante certo tempo de entrar no território cruz-maltino. A extravagância de José Lins guarda semelhanças ainda com um literato de tempos pretéritos, como o temperamental Coelho Neto. Sumidade das letras na *belle époque* carioca, Coelho Neto foi igualmente um aficionado torcedor e dirigente do Fluminense Football Club. No início do século XX, o beletrista ficou conhecido por invadir o campo das Laranjeiras, durante uma partida, para tomar satisfações do juiz.

— 162 —

José Lins e Coelho Neto não foram os únicos escritores a se interessar por futebol e a assumir suas preferências clubísticas. Carlos Drummond de Andrade torcia pelo Vasco, Rachel de Queiroz, também; Marques Rebelo era América; já Manuel Bandeira, que não tinha grandes predileções por futebol, torcia para o Flamengo, mas apenas para agradar o amigo José Lins.

A relação passional de José Lins do Rego com o Flamengo tornou-o conhecido na cidade para além do meio esportivo. Era interpelado nas ruas, recebia telefonemas em sua casa e cartas de torcedores de todo o Brasil chegavam à redação dos jornais em que trabalhava. Chamava os adeptos do Flamengo de "correligionários". A imagem do torcedor desvairado e sem papas na língua na defesa de seu clube beirava o anedótico. Muitas vezes, o Flamengo se sobrepôs aos interesses do próprio literato. O mundo das letras parecia-lhe secundário.

Afora a sua roda literária, passava boa parte do tempo com outro grupo de amigos, aqueles do meio esportivo, conversando sobre o time, os jogadores e os lances das partidas. Os rubros-negros tinham o hábito de reunir-se para almoçar na tradicional Confeitaria Colombo, situada na rua Gonçalves Dias, transversal à rua do Ouvidor, no Centro do Rio.

O lema dos rubros-negros da Colombo era recitado em latim: *Si vis pacem para bellum* — "Se queres paz, prepara-te para a guerra". O grupo adotou o nome de

Dragão Negro, confraria que reunia sócios e políticos do Flamengo, cuja existência se prolongou até o final dos anos 1960. Na década de 1950, o Dragão elegeu um candidato à presidência do clube, o médico Gilberto Cardoso, que reconduziu o time aos títulos, como o tricampeonato carioca de 1953/54/55. Depois do falecimento do escritor, a Confeitaria, em razão da presença constante dos rubros-negros, fixou no seu segundo andar uma placa em homenagem a José Lins e aos demais companheiros de futebol. Ainda hoje a placa pode ser vista afixada no local.

Embora muitas vezes se aborde a relação de José Lins com o futebol de uma maneira um tanto pitoresca, como se fosse uma idiossincrasia exclusiva de sua personalidade, vale ressalvar que o autor levava o clube muito a sério. Em várias de suas crônicas, razão e emoção andavam lado a lado. Suas observações vão sempre no sentido de afirmar um tom épico para o futebol, capaz de galvanizar corações e mentes, de atores e espectadores, ou seja, de jogadores e torcedores. No ensaio *Fôlego e classe*, discorre em defesa da capacidade de integração social do futebol, terminando de maneira triunfal:

> [...] mais do que os homens que lutam no gramado, há o espetáculo dos que trepam nas arquibancadas, dos que se apinham nas gerais, dos que se acomodam nas cadeiras de pistas. Nunca vi tanta semelhança entre tanta gente. Todos os setenta mil espectadores que enchem um Fla-Flu se parecem, sofrem as mesmas reações, jogam os mesmos insul-

tos, dão os mesmos gritos. Fico no meio de todos e os sinto como irmãos, nas vitórias e nas derrotas. As conversas que escuto, as brigas que assisto, os ditos, as graças, os doestos que largam são como se saíssem de homens e de mulheres da mesma classe. Neste sentido o futebol é como o carnaval, um agente de confraternidade. Liga os homens no amor e no ódio. Faz com que eles gritem as mesmas palavras, e admirem e exaltem os mesmos heróis. Quando me jogo numa arquibancada, nos apertões de um estádio cheio, ponho-me a observar, a ver, a escutar. E vejo e escuto muita coisa viva, vejo e escuto o povo em plena criação.

(*Jornal dos Sports,* 15/11/1945)

Mais do que o futebol em si, uma atenção toda especial é dispensada por José Lins ao seu clube. Gostava de teorizar acerca do significado do Flamengo, de modo a justificar sua importância como um time de extração popular:

Há no Flamengo uma grandeza de alma que me atrai. Não é um clube de regatas ou de futebol: é uma instituição nacional. Há todo o Brasil no Flamengo, todas as raças, todos os credos, todas as classes, todas as paixões generosas. Sou assim *Flamengo* pelos meus impulsos e pelas minhas reflexões. Sou Flamengo de corpo e alma, a todas as horas, em todos os instantes. O que me domina no Flamengo é sua universalidade. É o clube do povo.

(*Zélins, Flamengo até morrer!*)

Para comprovar a amplitude e o caráter nacional do Flamengo, José Lins lançava mão de exemplos, buscados em ocasiões como as excursões do clube ao Nordeste. A receptividade do povo da região era a prova cabal dessa popularidade, então já espalhada por todo o país, que, diga-se de passagem, ainda não conhecia o fenômeno da televisão. Em 1947, durante a temporada de férias do Campeonato Carioca, a equipe rubro-negra foi a Pernambuco para a disputa de uma partida amistosa com um clube local. Na crônica *O Flamengo em Recife*, José Lins descreve a mobilização popular de milhares de fãs nordestinos, decorrente da passagem do clube pela capital pernambucana. Segundo José Lins, tratava-se de um momento oportuno para justificar o alcance territorial do time:

> A tese de que o Flamengo não é um clube carioca, mas de todo o Brasil, teve ontem, em Recife, mais uma confirmação. Contou-me um amigo, que estava na Bahia, se não me falha a memória, em 1945, que vira pela estrada por onde viajara três caminhões carregados de povo entusiasta. E querendo saber do que se tratava informaram-lhe que tudo aquilo era somente um grupo de torcedores do Flamengo que vinha do sertão para assistir a uma peleja, a ser disputada em Salvador, entre o clube carioca e outro da boa terra.
>
> E ontem em Recife, no aeroporto, uma imensa multidão de pernambucanos enchia as dependências da estação, para aclamar os rubros-negros que chegavam.

E por onde for encontrará o Flamengo a sua torcida, do sul ao norte, de leste a oeste. É o clube do Brasil.

(*Jornal dos Sports*, 6/7/1947)

A ida de torcedores sertanejos à capital baiana a fim de assistir a uma partida do Flamengo era um bom sinal para José Lins da dimensão tomada pelo clube em todo o país. O encontro dessas duas identidades, a regional e a clubística, tão importantes na sua trajetória biográfica, fornecia a base para o autor asseverar a condição do Flamengo como legítimo representante da nação, "imagem e semelhança de nossa pátria". Com a fusão das duas identidades e com a junção entre o que acreditava ser o povo humilde do interior e os heróis esportivos nacionais, oriundos da então capital da República, o cronista chegava a uma síntese dos contrastes mais destacados na definição do país, como as clássicas divisões entre o litoral e o sertão, o rural e o urbano, a região Norte e a região Sul...

O cronista escrevia ainda em um momento histórico em que o Flamengo, tendo sido fundado em 1895, completava meio século de existência. A esta altura, com mais de 50 anos, o clube apresentava os mesmos caracteres da identidade brasileira, entronizando aquela síntese e aquele caldeamento de diferenças — sociais, econômicas, políticas e culturais — próprias do país. Em seguida ao crescimento e à popularização dos anos 1930, o clube passa a encarnar o próprio discurso da brasilidade, com a incorporação das ideias de tradição, patrimônio e instituição nacional. José Lins reconhecia no Flamengo o espelho da diversidade do país.

★ ★ ★

Como foi dito, o Flamengo ocupava boa parte do cotidiano do escritor no Rio de Janeiro. Morador da Zona Sul, a casa de José Lins não era muito distante da sede social do clube, para onde ia em caminhada quase todos os dias. Assistia aos treinos no estádio da Gávea e jogava tênis no clube ao lado, o Piraquê, que ficava junto à lagoa Rodrigo de Freitas. José Lins tornou-se sócio do Flamengo no final dos anos 1930 e participou da sua vida associativa de maneira intensa. A partir da gestão do presidente Gustavo de Carvalho, no início dos anos 1940, chegou a assumir cargos de direção no clube. O envolvimento foi tal que José Lins chefiou a delegação da equipe na primeira excursão do clube à Europa, a convite de outro ex-presidente, o já citado Gilberto Cardoso. Corria o ano de 1951 quando acompanhou a equipe em terras da Suécia, França e Portugal.

Além de cronista e torcedor, José Lins exerceu também cargos de direção nas principais entidades esportivas do país. Depois de ser dirigente do Flamengo, entre 1939 e 1944, ocupou o posto de secretário-geral da Confederação Brasileira de Desportos (CBD) e chegou a ser presidente interino da entidade. Entre 1944 e 1946, foi indicado, ainda, para ocupar cargos no Conselho Nacional de Desportos (CND), órgão atrelado ao Ministério da Educação e Saúde (MES). Por intermédio de Carlos Drummond de Andrade, José Lins conheceu o ministro Gustavo Capanema, que o designou à condição de chefe da delegação da Seleção Brasileira no Campeonato Sul-americano de 1953, em Lima, no Peru.

Um ano antes, em 1952, José Lins fizera um entusiasmado discurso de saudação à equipe brasileira, campeã do torneio Pan-americano, disputado no Chile. Na condição de dirigente, discursou:

> O maior, o mais vibrante, o mais sincero discurso que vocês merecem é este que aí está, na boca do povo, são essas exclamações que estrugem do coração das massas, são esses gritos que estrondam, são essas lágrimas derramadas de alegria, é toda esta festa que não tem ordem nem itinerário, é festa que brota dos quatro cantos da cidade, como uma enxurrada curiosa. Sim, este é que é o discurso autêntico, o discurso que é um abraço, o discurso que diz tudo, e que só fala a verdade. Mas a Confederação me mandou aqui para dizer a vocês, heróis das alturas andinas, que a vitória que vocês arrebataram para o Brasil é o pendão maior de suas glórias no futebol; que vocês colocaram os esportes brasileiros num plano de posição excepcional. Amigos, quem melhor poderia falar já está falando: é o povo.

> (*Jornal dos Sports*, 26/4/1952)

O tom inflamado do discurso decorria do fato de ser esse o título em maior escala então alcançado pela Seleção Brasileira em torneios internacionais. Depois do terceiro lugar na Copa de 1938, a eclosão da Segunda Guerra Mundial impediu a realização de torneios internacionais por doze anos. Finda a guerra, em 1944, o Brasil se candidatou a realizar a IV Copa do Mundo de Futebol, prevista para o ano de 1950. Em companhia de Mário Filho, José Lins se empenhou com afinco para que o país sediasse o campeonato.

A fim de dar mostras da capacidade do desenvolvimento do Brasil como nação moderna e civilizada, o escritor participou de maneira ativa da campanha pela construção de um estádio, grande e moderno, aquele que fosse "o maior do mundo". Graças a empenhos como esses, entre 1948 e 1949, foi construído o "colosso do Derby", designação inicial para o Estádio Municipal do Rio de Janeiro. Hoje, o estádio é conhecido popularmente como Maracanã. De fato, ao longo do tempo, o estádio ficou conhecido por atrair as massas. Dada a grandiosidade de sua arquitetura, o estádio foi capaz de receber aglomerações de até 200 mil pessoas, cerca de um décimo da população da cidade do Rio na época.

A Copa foi afinal realizada com sucesso, mas o resultado da equipe brasileira não foi o desejado pela população e pelas autoridades. A derrota frente à tradicional e forte seleção uruguaia, na partida decisiva, ganhou tintas de uma tragédia grega. A tristeza não impediu que José Lins visse naquele resultado uma prova de amadurecimento do povo brasileiro. Este soube se valer da perda do título para extrair dela uma lição de aprendizagem.

Quatro anos depois a equipe do Brasil protagonizaria um novo insucesso nos campos de futebol, durante a Copa do Mundo da Suíça (1954). Ao contrário da posição afirmativa de José Lins, que chegara a angariar fundos para a viabilização da viagem da delegação aos cantões suíços, as críticas aos jogadores viriam ampliar o ceticismo dos cronistas quanto a uma suposta fraqueza de índole dos atletas brasileiros. Estes eram vistos pelas classes dirigentes como expressão dos problemas e deficiências inerentes à formação histórica da nacionalidade e ao caráter do homem comum brasileiro.

Essas dificuldades se manifestavam em termos de uma psicologia coletiva: na hora H, nos gramados, em momentos de decisão, o brasileiro tremia, fraquejava, deixava-se intimidar diante dos adversários. Faltava-lhe o sangue-frio dos europeus, como os jogadores húngaros, contra os quais os brasileiros foram eliminados da competição. Trocando em miúdos, tratava-se daquilo que o cronista Nelson Rodrigues, em 1958, apelidou jocosamente de "complexo de vira-latas". A ideia de uma inferioridade inata, fruto da mistura racial exacerbada no Brasil.

Seria necessário esperar mais quatro anos, até 1958, na Copa do Mundo da Suécia, para que o Brasil finalmente triunfasse e conquistasse um título, colocando por terra aqueles estereótipos de povo

— 171 —

inatamente inferior. José Lins, contudo, faleceu um ano antes, em 1957, e por isso não assistiu à façanha máxima do selecionado nacional, comandado por Pelé, Didi, Garrincha e companhia. Ela se confirmaria nos torneios seguintes e consolidaria a imagem mundial do Brasil como "o país do futebol", ao lado do samba e de outras manifestações culturais de origem negra e africana.

Q q

Quixote rural

> [...] é nas asas da loucura que a sabedoria alça voo...
>
> (Erich Auerbach, *Mimesis*, 1946)

> Pela tarde apareceu o capitão Vitorino. Vinha numa burra velha, de chapéu de palha muito alvo, com a fita verde-amarela na lapela do paletó. [...] E no passo bambo da burra foi andando. Agitava a tabica no ar. Falava sozinho.
>
> (*Fogo morto*, p. 262, 313)

Que semelhança teria o capitão Vitorino, tipo romanesco construído por José Lins do Rego em *Fogo morto*, com o herói da imortal novela do espanhol Miguel de Cervantes Saavedra, *Don Quijote de la Mancha*, publicada pela primeira vez em 1605?

Foi o folclorista baiano Édison Carneiro (1912-1972) quem chamou o personagem capitão Vitorino Carneiro da Cunha, figura central da terceira parte do romance *Fogo morto*, de "Quixote rural" pela primeira vez. A alcunha parece ter sido bem-recebida, pois, como sugere uma das epígrafes acima, mais de um crítico literário a adotou em seus comentários.

No caso do capitão Vitorino, as semelhanças com o herói de Cervantes se devem, entre outras razões, ao fato de que, como este, desprezava as condições materiais, mostrava uma coragem até certo ponto ingênua em suas ações e costumava deformar a realidade em nome de seus ideais mais sublimes.

★ ★ ★

E o herói de José Lins?

É sabido que José Lins tinha o costume de reinscrever os personagens de um livro em outro. Assim o faz com o menino Carlinhos, o moleque Ricardo, a velha Totônia, o pintor Laurentino, o cego Torquato, o carreiro Miguel, o cantador Dioclécio, os cangaceiros Aparício e Domício, os negros Vicente e Passarinho, entre inúmeros outros. Há personagens femininas também que, volta e meia, aparecem e se retiram em seus romances, em uma galeria de mulheres à busca de decifração, na melhor tradição de um Machado de Assis ou de um Erico Verissimo. Em *Fogo morto*, seria o caso de citar dona Amélia e dona Olívia.

Nesse livro, o escritor deu destaque a, pelo menos, três personagens que haviam estado presentes em obras anteriores como atores coadjuvantes. Em 1943, reaparecem com grande vigor, de modo a constituir o esqueleto principal do enredo.

O primeiro era o mestre Amaro, seleiro pobre de origem branca, que consertava os arreios dos cabrio-

— 174 —

lés do seu Lula, no engenho Santa Rosa. O pai fora filho de um marinheiro da Várzea de Goiânia, na Paraíba. Com poderes sobrenaturais, transformava-se em lobisomem tão logo aparecia a lua, no fundo da mata. Aliás, ao dar vida ao lobisomem, José Lins foi precursor na literatura brasileira, introduzindo um elemento da superstição nacional-popular. Ente lendário da Europa, "monstro noturno", foi depois imortalizado na obra de José Cândido de Carvalho, *O coronel e o lobisomem* (1964), adaptada com sucesso para a televisão por Guel Arraes, nos anos 1990.

No romance, é trágico o desfecho da personagem, que comete o suicídio:

> — Morto? — gritou Vitorino. — O meu compadre José Amaro morto?
> A velha Adriana, como uma lesa, não sabia o que dizer. Vitorino abraçou-se com ela:
> — Minha velha, o compadre se matou (p. 346).

O segundo personagem era seu Lula, abreviativo de Luís César de Holanda Chacon, que tinha a patente de tenente-coronel. Filho de um chefe político de Pernambuco, ele participara da revolução de 1848, outro acontecimento que aparece mais de uma vez nos romances de José Lins, ao lado do Quebra-Quilos (1873) — reação à adoção pelo governo imperial do sistema métrico (a fim de facilitar a tarefa do fisco), a espalhar pânico pelos mercados rurais da Paraíba —, da Abolição (1888), e das secas históricas dos séculos XIX e XX, como as de 1877 e 1932. Seu Lula era o único a possuir um piano no sertão. Passava sempre montado em um cabriolé, espécie de carruagem, identificada ao longe pelo tilintar de suas campainhas.

O terceiro personagem era o nosso Quixote rural, Vitorino Carneiro da Cunha, encarnação da generosidade, do idealismo e das qualidades humanas da alma popular brasileira. Ao personificar o último protagonista do romance em tela, o capitão Vitorino, com sua "coragem meio destrambelhada", José Lins deu-lhe conotações que logo seriam associadas aos traços do romanceiro cervantino do *siglo de oro*.

Por quê?

Em primeiro lugar, porque tanto Quixote quanto Vitorino pertencem a "castas condenadas", isto é, grupos sociais que viveram o esplendor e que, de repente, vivenciam a penúria econômica. São, por conseguinte, personagens que carregam em si o destino de suas sociedades. Os dois protagonizam cenários em derrocada: com Quixote assiste-se ao fim do período medieval na Europa; com capitão Vitorino, ao cessar dos engenhos açucareiros no Brasil. Os mundos desmoronam paulatinamente. Pouco a pouco, as vigas mestras de sustentação daquela ordem social vão sendo subtraídas.

Não obstante, em decorrência disso, seus personagens vivem a contrapelo, em contínuo descompasso, o que causa sofrimento, angústia, indefinição quanto ao presente e ao futuro. Como que desajustados no tempo, experimentam a decadência e se aferram ao passado, única maneira de se imaginar ainda todo-poderosos e sublimar a realidade em transição. É o caso, inclusive, do segundo personagem central de *Fogo morto*, o coronel Lula, outrora rico, possuidor de vastas extensões de terra, mas que agora assiste ao seu definhar econômico-moral, padecendo, sem embargo, de uma congênita "doença de prestígio".

Em segundo lugar, porque ambos os personagens, o de Cervantes e o de José Lins, são, por excelência, solitários. A solidão de Quixote, malgrado a presença e a companhia de Sancho, advém desse desajuste entre o que ele é e o que julga ser. Tal estado gera obsessão, incompreensão ou, na melhor das situações, dificuldade de comunicação. A imagem grandiosa, forte e enobrecida, informada pelo passado literário dos Cids, dos Rolandos, dos Amadis de Gaula ou dos Percivais, permanece ativa nas suas idealizações, moldadas à imagem e semelhança daqueles heróis.

Isolado ou incompreendido, refugia-se em sua sabedoria, que revela bondade e decência, mas sempre intercalada com lampejos lunáticos. Alterna momentos sãos a outros de menor sanidade. Ora investe contra "moinhos de vento", que confunde com um gigante, ora vislumbra exércitos que, em verdade, são rebanhos de carneiros, dois exemplos entre inúmeras outras quimeras e contraprestações às frustrações da realidade desafortunada.

O personagem de José Lins era da mesma forma ridicularizado, visto como um fanfarrão. Os moleques de bagaceira adoravam mangar do capitão Vitorino.

Fazem-no de bobo da corte, quando passa pelo engenho, montado em lombo de burro ou em "égua rudada". Vitorino era também conhecido pelo apelido irônico de Papa-Rabo, alusão à mula sem cauda que lhe servia de cavalgadura. A cada interjeição provocadora, respondia com rudez: "— É a mãe!"

Não eram apenas os meninos que zombavam dele. Conforme narra José Lins a certa altura de *Fogo morto*:

> José Passarinho foi andando, e quando chegou na estrada voltou-se para a tenda, e com todas as forças gritou:
> — Papa-Rabo!
> E deitou a correr. Lá de longe ainda se ouvia a gritaria do negro. "Papa-Rabo!" O mestre José Amaro olhou para o compadre e descobriu na cara dele uma mágoa. Era a primeira vez que ele sentia aquilo no velho. Estava triste o capitão Vitorino Carneiro da Cunha (p. 85).

Eis a triste sina quixotesca do capitão, o seu *humour*. Um tipo de melancolia que, diga-se de passagem, também habitava o coração do escritor José Lins. Nesse ponto, José Lins é como capitão Vitorino, da mesma forma que Cervantes poderia ser como dom Quixote.

Capitão Vitorino, todavia, não tinha por costume se intimidar: "— Vitorino Carneiro da Cunha não é homem para receber uma desfeita e ficar calado." Mais agressivo, dizia: "— Cala a tua boca, negro

— 178 —

cachaceiro." Ao que este retorquia, incisivo: "— Ó homem brabo! Por que não vai para o bando de Antônio Silvino, capitão?" Herói considerado louco, diziase que Vitorino carregava a malícia dos políticos, a ingenuidade dos puros e a bruteza dos chefes...

★ ★ ★

Branco de linhagem, nobre originário da Várzea do Paraíba, casado e contando um filho, Vitorino era descendente de família senhorial em decadência. Seu primo havia sido barão e presidente no governo da província. A viver dos tempos idos, o capitão não aceita a realidade e exalta a si próprio. "[...] com Vitorino Carneiro da Cunha não brincam mais. Passo a tabica [chibata]", bradava com voz rouca. Afinal, sua paranoia heroica é o que o mantém vivo: "O delírio de autovalorização é a tábua de salvação de Vitorino", sintetiza Antônio Cândido.

Os arroubos de bravura, os impulsos individuais, um tanto quixotescos, vão ser testados ao longo da trama da terceira parte de *Fogo morto*. Bruto, obra do meio agreste, é também um revoltado contra o sistema social, o que faz com que se coloque em defesa dos oprimidos pelas instituições. Com efeito, apenas um desentendimento verbal com o tenente Maurício, típico representante da ordem instituída, ocasiona a prisão de Vitorino. Segundo o tenente, informalmente mais poderoso que o delegado e o

— 179 —

próprio prefeito, Vitorino se dirigira em desaforo a
ele e a seus volantes:

> A tropa saiu com o capitão Vitorino Carneiro
> da Cunha todo amarrado de corda, montado na
> burra velha que os soldados chicoteavam sem
> pena. Corria sangue na testa ferida do capitão. A
> luz vermelha da madrugada banhava o canavial
> que o vento brando tocava de leve. Marchava
> o capitão na frente da tropa, como uma fera
> perigosa que tivessem domado com tremendo
> esforço (p. 276).

A prisão vai ocorrer mais de uma vez, com o processo
indo a julgamento público, sendo considerado, entre
outras coisas, desajuizado, mentecapto. De início, ele
é solto logo, tal a comoção produzida pelo encarce-
ramento, notícia que circula nos jornais da cidade e
entre os parentes de Vitorino. Apesar da perseguição
da polícia, foram mobilizadas para a sua soltura até
as autoridades no Rio de Janeiro, por intermédio
do coronel Rego Barros, candidato da oposição em
Pilar, de quem Vitorino é correligionário. Violência
e interesses políticos andavam lado a lado:

> [...] Os protetores do bandido mereciam punição.
> O *Norte* agredia o governo que permitia chefes
> políticos que se cumpliciavam com o criminoso,
> acoitando bandidos em suas propriedades. A polícia
> se desmandava na repressão, visando os adversá-
> rios da situação. Há pouco o valente correligionário
> da candidatura Rego Barros, este mesmo capitão

Vitorino Carneiro da Cunha, sofreu uma injusta prisão pelos esbirros, que só não se encontravam com os cangaceiros que agiam quase que nas proximidades da capital (p. 315).

Aquilo que a polícia não fazia — proteger e libertar a cidade — o capitão irá fazê-lo. Em sua luta, Vitorino alvejava o capitão Silvino e seu ousado bando. Quando os cangaceiros liderados por Antônio Silvino invadem a cidade, esta é inteiramente convulsionada, à mercê do cangaço:

> Numa noite de escuro, Antônio Silvino atacou o Pilar. Não houve resistência nenhuma. A guarda da cadeia correra aos primeiros tiros, e os poucos soldados do destacamento ganharam o mato às primeiras notícias do assalto. Os cangaceiros soltaram os presos, cortaram os fios do telégrafo da estrada de ferro e foram à casa do prefeito Napoleão para arrasá-lo (p. 253).

Não somente a cidade era o alvo da fúria cangaceira: os "cabras" de Silvino assaltam propriedades como o engenho Santa Fé; o engenho de seu Lula é igualmente atacado. Feito o assalto, os bandidos violentam a esposa do coronel e dilapidam suas posses. Armado de seu punhal, artefato de estimação, o destemido capitão Vitorino parte em defesa de Lula de Holanda, em resistência que ficaria conhecida na região: "O assalto ao Santa Fé encheu o noticiário dos jornais. A figura de Vitorino, ferido, espancado, apareceu como de homem de coragem que não temia perigo de espécie alguma" (p. 314-315).

★ ★ ★

Um dos únicos resistentes no combate ao bando de Antônio Silvino, Vitorino torna-se um verdadeiro herói na cidade, a ponto de provocar, afinal, uma transformação na sua imagem desacreditada:

> A briga com Antônio Silvino havia enchido os meninos de admiração. Só mesmo homem de muita coragem faria o que o velho fizera! Todos os homens corriam dos cangaceiros, não havia quem ousasse levantar a voz para o dono de tudo. E assim o velho já não era aquele Papa-Rabo que maltratavam impiedosamente.

> (*Fogo morto*, p. 315)

R r

Região e tradição

Agora a baunilha recendia no bosque, como em
José de Alencar. E que cheiro doce, que mel de
perfume tinha ela.

(Banguê, p. 79)

A diversidade regional brasileira costuma ser um
dos aspectos positivos mais comentados quando
se fala da grandeza do território e das dimensões
continentais do país. Os diferentes contornos da
nossa geografia tropical, múltipla e multifacetada,
maravilham aqueles que percorrem a imensa costa
litorânea, banhada pelo oceano Atlântico, e depois
se dirigem até as partes mais densas da selva amazônica, desbravadas graças às fontes fluviais, com
seus rios caudalosos e tentaculares.

A importância do Nordeste nesse conjunto é ines-
timável. Ele é uma das pedras de toque da nacionalidade, onde a literatura ocupa um peso considerável.
A obra de José Lins do Rego exemplifica isso: bifur-
ca-se em dois ciclos — o da cana-de-açúcar e o da
seca —, que voltam a confluir para fortalecer uma
mesma marca de regionalismo.

Esse constrói um tipo específico de identidade, tal qual o reivindicado por Gilberto Freyre, que fez de sua obra não só um estudo de antropologia cultural e de história social da vida nordestina, mas um programa de revalorização das tradições locais. Nele estava contida a necessidade de arejar a região do pitoresco, sem deixar de preservar o legado artesanal do Nordeste ou de acompanhar a modernização da linguagem, que previa uma aproximação entre a língua falada e a escrita.

Fiel às ideias de seu amigo sociólogo, José Lins defendeu uma literatura que valorizasse a oralidade das expressões vocabulares. Suas ideias foram apresentadas, de forma mais bem-acabada, no prefácio ao livro de Freyre, *Região e tradição*, em 1941. O caráter universal do regionalismo foi defendido em consonância com os ensinamentos dos românticos alemães do século XIX, mais do que um apego provinciano à terra, o regionalismo era uma maneira moderna de alcançar o universal.

★ ★ ★

Durante as décadas de 1930, 40 e 50, José Lins e parte significativa dos escritores de origem nordestina migraram para o Rio de Janeiro, a fim de se somar à chamada "República das Letras" — denominação de um círculo de autores, leitores, livrarias e editoras sediadas naquela cidade. Os escritores, dentre os quais Graciliano Ramos, Jorge Amado,

Rachel de Queiroz, destacaram-se por recriar em âmbito literário o universo regional nordestino, alargando-o a uma escala de difusão nacional. Desse modo, emolduravam a vida popular, rural e interiorana, e contribuíam para fixar a paisagem em termos ecológicos, sociais e humanos.

As décadas iniciais do século XX contribuíram para estipular a já clássica oposição entre campo e cidade, entre litoral e sertão, sob os primeiros impulsos de industrialização e de urbanização. Apesar da crença arraigada na vocação agrícola e exportadora do país, as mudanças são decorrência da liberação da mão de obra escrava, *pari passu* com o desenvolvimento dos meios de transporte e com os primeiros germes de mentalidade e ação empresariais no país. É justamente nesse momento, com o ingresso em uma era urbano-industrial, que o interior do Brasil passa a ser alvo de atenção de uma expressiva parcela de bacharéis — entre advogados, médicos e engenheiros —, interessados ora em construir a nação moderna ora em conhecer o homem comum brasileiro.

As tradições dispersas nos rincões mais distantes do país passam a ser valorizadas. Alguns homens de letras se imbuem da missão de salvar as manifestações populares, sob ameaça de extinção. Vistos por muitos civilizadores como um entrave à evolução econômica, o folclore e a cultura popular eram apreciados por aqueles missionários, uma vez definidas sua autenticidade e sua essência.

Tal movimento de resgate dos valores culturais não ficaria restrito à coleta de material e à escrita de textos com alcance documental. Ele se estenderia à literatura. A prosa de ficção, a essa altura, sob a influência do naturalismo e do realismo, em muito contribuía para o conhecimento da realidade social e para a interpretação sociológica. A consolidação de uma produção ficcional com feições regionais, na virada do século XIX para o XX, marca o crescimento de importância da vertente regionalista.

Em grandes linhas, o regionalismo se estabelece nesse primeiro momento como um montador de painéis da vida brasileira: o Norte e o Nordeste na pena de Euclides da Cunha; o vale do Paraíba e o interior de São Paulo na pluma de Monteiro Lobato; o estado do Espírito Santo e seus migrantes alemães na obra de Graça Aranha, *Canaã* (1902); e, *last but not least*, o subúrbio carioca nos livros de Lima Barreto.

★ ★ ★

Foi no Nordeste, contudo, que se deu a criação do chamado moderno romance regional. O ano de 1928 prenunciou tal ruptura com a publicação de *A bagaceira*, o que projetou o nome de José Américo de Almeida no cenário nacional. Se o autor se fizera conhecer através de ensaios que apontavam a injustiça das estruturas sociais nordestinas, como *A Paraíba e seus problemas*, José Américo coloca em tela no romance de 1928 — mesmo ano de *Retrato do Brasil*, de Paulo Prado — brejeiros e sertanejos do interior paraibano. A temática regional terá sequência, embora menos repercussão, em outras ficções, como *O boqueirão* e *Os coiteiros*, ambos de 1935.

Segundo José Lins, o estilo de *A bagaceira*

> [...] tem tudo da terra, nos seus contrastes: a mágica fartura, a rigidez das pedras, o frescor das matas cheirosas, a máscara lúgubre dos cariris cobertos de vegetação de via sacra, a barriga cheia e a fome devastadora. O romance moderno brasileiro começou com *A bagaceira*.

Mas é o romance *O Quinze*, da cearense Rachel de Queiroz, que aprofunda as mudanças de estilo e forma no regionalismo nordestino. O assunto continua sendo o mesmo — os dramas sociais, a fome, o flagelo da seca —, ao passo que a técnica e o ponto de vista se alteram. Em Alagoas, Rachel é acompanhada por Graciliano Ramos, com *Caetés* (1930), e por José Lins, com *Menino de engenho* (1932).

A cidade de Maceió é o epicentro aglutinador e irradiador dos "búfalos do Nordeste", como o escritor Oswald de Andrade chama aquela geração. O movimento literário se expande à Bahia, retratada por Jorge Amado; a Aracaju, descrita por Amando Fontes; à Paraíba e a Recife, narrados por José Lins do Rego. Enfim, como este afirma em *Presença do Nordeste na literatura brasileira*: "O Brasil estava mais inteiro no Nordeste."

Os romances se propagam para além das fronteiras nordestinas: Abguar Bastos retrata em *Safra* (1937) a vida dos apanhadores de castanha na Amazônia, já poetizada por Raul Bopp, enquanto Ciro dos Anjos, no mesmo ano, narra a vida de um funcionário público de Belo Horizonte, em *O amanuense Belmiro*. Porto Alegre, por sua vez, recebe uma tripla mirada: Erico Verissimo, Vianna Moog e Dionélio Machado, este último com a obra-prima *Os ratos* (1935). Em Minas Gerais, seria o caso de assinalar que, na geração posterior à Segunda Guerra, o regionalismo seria reinventado por Guimarães Rosa, transmutando seu sentido realista em mágico e seu sentido regional em universal, através de uma radicalização das invenções lexicais na sua conformação literária.

É necessário um recuo até a década anterior para entender o que ocorreu com o romance regional nos revolucionários anos 1930. O que proporcionou a convergência entre os tradicionalistas do Nordeste, liderados por Freyre, e os modernistas de São Paulo, capitaneados por Mário e Oswald?

★ ★ ★

O movimento modernista de 1922 atualizará não apenas as vanguardas artísticas europeias, mas renovará, a partir de 1924, o interesse de seus escritores em "descobrir o Brasil": seus costumes, sua língua, suas expressões mais singulares.

Filhos da velha aristocracia rural ou da emergente burguesia urbana, Mário, Oswald e outros modernistas se interessam em conhecer, e em dar a conhecer, esses traços culturais do interior, frente ao avanço inexorável do progresso.

Assim, se em muitos aspectos os modernistas procuram romper com o passado, de diversas outras maneiras vão buscar um fio de continuidade com a tradição, e o Nordeste ocupa um lugar privilegiado nesse *continuum*.

* * *

Modernistas e regionalistas incorporavam, portanto, termos e dicções populares em seus textos escritos. Com efeito, quebravam e amoleciam a linguagem; timbravam-na com a marca espontânea da simplicidade; invertiam suas formas pronominais. Em um famoso poema, Oswald antepunha o pronome ao verbo, dizia "me dá" no lugar de "dá-me". Ao grafar como se falava oralmente, deixava de lado a convenção escrita, em um esforço de compreender a comunicação popular. José Lins é fiel a este princípio oralizante: "Mestre Zé, *me desculpe*, não sabia da diferença de vosmecê com ele."

Embora integre um movimento artístico no Nordeste com princípios distintos dos preconizados no Centro-Sul do país, o regionalismo de José Lins do Rego integra-se ao ideário modernista, ao participar dessa visão dicotômica que opõe o campo à cidade, o selvagem ao civilizado, o rústico ao sofisticado, o autêntico ao postiço, o natural ao artificial. O estudioso José Aderaldo Castello capta a essência do regionalismo de José Lins:

> Regionalismo para ele não é a simples fotografia de traços típicos ou característicos de uma região. É muito mais. É o depoimento sentido, profundamente humano e lírico da própria natureza e das condições humanas sob contingências telúricas e sob os efeitos de transformações econômicas e sociais.
>
> (*José Lins do Rego: modernismo e regionalismo*)

S s

Sertanejo é forte

Feche a porta, gente,
Cabeleira aí vem,
Ele não vem só
Vem seu pai também.
Feche a porta gente,
Cabeleira aí vem,
Vem matando menino
E velho também.

(Quadra popular)

Estenderam no meio da sala o piano de cauda
que o capitão Tomás trouxera do Recife. Parecia
um grande animal morto, com os pés para o ar. Um
cangaceiro de rifle quebrou a madeira seca, como
se arrebentasse um esqueleto.

(*Fogo morto*, p. 310)

Metáfora antológica (o piano como um grande animal
estirado), a citação acima é uma descrição constante
da terceira parte de *Fogo morto*, em que José Lins relata a presença do cangaço nos engenhos açucareiros
do Nordeste. Uma menção, entre tantas dispersas nas
obras de ficção e de memórias de José Lins.

Menino de engenho, *Fogo morto*, *Meus verdes anos*: todas fazem, em maior ou menor número, referência aos cangaceiros, cuja passagem por Pilar e por outras cidades nordestinas afugentava a todos, dos meninos às senhoras, dos trabalhadores do eito aos senhores de engenho. Estes, em parte coniventes, em parte acuados, recebem-nos, atendem aos pedidos dos bandoleiros e com eles, muitas das vezes, têm de pactuar.

O sertanejo é um personagem que abrange uma gama de tipos humanos e de personagens sociais: o cangaceiro, o vaqueiro, o jagunço, o cantador, o coiteiro, o retirante, o mascate, o seleiro (artesão de couro)... Eles ocupam um espaço de destaque na obra de José Lins. Em 1938, ano da morte de Lampião, assassinado em Angicos (Sergipe), depois de longa perseguição dos "macacos" — como eram chamados os soldados de polícia no sertão do Nordeste —, o escritor publicou *Pedra Bonita*, seu sétimo romance, sobre o fanatismo religioso no sertão.

Em 1953, tal enfoque seria completado com a publicação de *Cangaceiros*, seu décimo segundo livro, sobre o banditismo na caatinga e no semiárido nordestino. Essa última obra literária de José Lins, que marca o encerramento de sua carreira na ficção, foi ilustrada por Portinari, pintor de telas pungentes sobre a realidade sertaneja, tais como *Enterro na rede*, *Retirantes*, *Despejados* e *Menino Morto*.

Os dois volumes — *Pedra Bonita* e *Cangaceiros* — compõem uma unidade, que o editor e os críticos denominaram "ciclo do misticismo, do cangaço e da seca". Trata-se de um complemento à série principal, o "ciclo da cana-de-açúcar". O ciclo complementar é integrado por duas ficções que retratam as profundas implicações histórico-sociais da formação do povo brasileiro. A ligação entre os dois é explicitada por José Lins: "Continua a correr neste *Cangaceiros* o rio de vida que tem as causas nascentes em meu anterior *Pedra Bonita*. É o sertão dos santos e dos cangaceiros, dos que matam e rezam com a mesma crueza e a mesma humanidade."

Elas dão a conhecer para o grande público temas candentes da realidade regional — fome, violência, credulidade popular — em um espaço geográfico quase mítico: o sertão. Em companhia de Rachel de Queiroz, com *O Quinze*, e de Graciliano Ramos, com *Vidas secas*, o autor de *Pedra Bonita* contribuiu para consolidar na literatura dos anos 1930 a imagem de um tipo humano tão marcado pela terra inóspita e pela natureza rústica. Esses escritores teriam sequência na geração posterior à Segunda Guerra, quer na poesia, com João Cabral de Melo Neto — *Morte e vida severina* (1955) —, quer na prosa, com João Guimarães Rosa — *Grande sertão: veredas* (1956).

A influência literária atingiu também a geração de cineastas, intelectuais dos anos 1960 igualmente preocupados com os problemas sociais brasileiros, que levam tal preocupação para o terreno da sétima arte. Os anos 1950 já haviam popularizado a figura do cangaceiro, graças à música de Luiz Gonzaga, que aparecia nos palcos e nas rádios vestido com típico chapéu do cangaço, e à versão cinematográfica do diretor Lima Barreto, alvo de fascínio e de certa idealização. Nos chamados "anos rebeldes", o Cinema Novo despontou com uma trilogia do sertão, através de filmes que atualizavam a literatura nordestina.

Essa trinca, levada para as telas, era formada por *Vidas secas* (1963), de Nelson Pereira dos Santos, *Deus e o Diabo na terra do Sol* (1963), de Glauber Rocha, e *Os fuzis* (1964), de Ruy Guerra. Se o filme de Nelson Pereira é uma adaptação direta do romance homônimo de Graciliano Ramos, pesquisas recentes mostram em que medida *Deus e o Diabo*, de Glauber Rocha, se inspirou diretamente na leitura de José Lins do Rego.

Há cenas do filme clássico de Glauber, como a do cangaceiro Corisco, que invade uma casa-grande, violenta o coronel e "deflora" a filha do latifundiário, episódios evocativos de passagens de *Fogo morto*. Para verificar tal coincidência basta relermos a frase que inicia o presente capítulo, bem como toda a terceira parte do livro, e ver a segunda parte do filme, dedicada a Corisco e a seu bando: não nos espantaremos em encontrar muitas semelhanças...

O crítico Tristão de Athayde considera o cenário sertanejo recriado por José Lins o ponto forte da sua obra ficcional: "O sertão é terra da lei do homem. Uma épica sertanista, como são os painéis desse extraordinário muralista literário, não podia deixar de refletir esse aspecto capital dos costumes nordestinos, que exprimem em grande parte toda uma vertente de nossa formação sociológica, no plano doméstico, como herança da tradição mourisca em nosso passado colonial, na península Ibérica."

De todo modo, o cinema brasileiro contemporâneo continua a retratar a força do cangaço. A filmagem de *O baile perfumado* (1997), de Lírio Ferreira e Paulo Caldas, reconta a saga do fotógrafo libanês Benjamin Abrahão, amigo do padre Cícero e responsável pelas únicas imagens de que se tem registro do bando de Lampião. Junto a ele, o cineasta Rosemberg Cariri também ficcionalizou um episódio do cangaço, ao filmar *Corisco e Dadá*, no ano de 1995.

★ ★ ★

O que explica o surgimento de movimentos messiânicos e de grupos tão violentos no Nordeste?

Há várias explicações. A primeira delas atribui o fenômeno ao determinismo da natureza e do clima. Seriam as agruras da caatinga e do sertão, seriam os ciclos desérticos das secas que fizeram o homem cruel e rude, com punhal e rifle em riste, ou crédulo ao extremo, com o terço na mão, declamando rosários e novenas. Aferrado às armas ou à religião, trata-se de um filho da terra, moldado à sua imagem e semelhança...

A segunda explicação busca os fatores econômicos para a violência e o milenarismo. É claro que a economia está conjugada à situação climática, mas são as condições sociais de pobreza e miséria que levam à revolta, à violência criminosa e predatória.

José Lins se compadecia dessa situação, conforme testemunha em *Meus verdes anos*:

> — Ah, menino, tu não sabe o que é a fome nascer. Tu não sabe o que é povo sem água, as mães sem leite, as cabras correndo por cima das pedras atrás de um verde de cardeiro. A gente não tem força nem para chorar... (p. 162)

Já o terceiro motivo diz respeito à esfera política: a ausência secular, para não dizer a total negligência ou omissão do Estado naquelas áreas remotas, consiste no elemento explicativo para tamanha onda de violência, perpetrada por uma galeria de facínoras e por homens movidos por uma fé cega.

A quarta explicação tem fundo histórico. Enquanto na faixa litorânea assistia-se à crise do açúcar, no agreste e no sertão a população regional praticava a lavoura de subsistência do algodão. Ainda assim, a realidade do latifúndio se impunha e o flagelo da seca expulsava os camponeses de suas terras de origem.

O drama da grande seca de 1877-1880 levou os camponeses a buscar solução no messianismo e no cangaço, com figuras como o padre Cícero no Ceará, o beato Antônio Conselheiro na Bahia e os cangaceiros dispersos no sertão, em bandos armados a assaltar cidades ou a instalar-se em fazendas, sob o abrigo dos coronéis. Os cangaceiros conheciam o interior sertanejo como a palma da mão e usavam-no como base de operações para investidas contra as cidades a menos de 100 quilômetros do litoral.

A relação entre os cangaceiros e os coronéis é um dos aspectos mais polêmicos dessa história. Havia confrontos entre um e outro, mas também acordos, acomodações táticas e compromissos pragmáticos. Durante a Primeira República (1889-1930), o poder local desses coronéis, que opunham famílias inteiras através do ódio, alcançou o âmbito nacional.

Para uns, portanto, o cangaço nada tinha de preocupação social: o bando roubava e violentava em benefício próprio, além de se valer da coexistência entre o banditismo e o coronelismo; para outros, estava-se diante de uma insurgência popular contra o poder dos coronéis, em pleno processo de construção republicana.

★ ★ ★

E por que a violência no sertão, em especial a ação "fora da lei" dos cangaceiros, constituiu um fenômeno tão importante para a imaginação de José Lins do Rego?

Primeiramente, porque José Lins não apenas ouviu falar dos cangaceiros através de terceiros, mas os conheceu com os próprios olhos de menino, desde tenra infância. E não foi qualquer bandoleiro que viu, mas um dos mais temidos da região: Antônio Silvino (1875-1944). Este esteve, várias vezes, acampado no engenho de seu avô. Nas evocações de *Meus verdes anos* José Lins menciona o encontro de Silvino com Bubu e com Trombone, dois parentes próximos dele.

O poder dos cangaceiros parecia fascinar José Lins, que apenas os cita em *Menino de engenho*, mas os analisa de maneira mais detalhada em *Fogo morto*: "Para ele só havia uma grandeza no mundo, era a grandeza do homem que não temia o governo, do homem que enfrentava quatro estados, que dava dor de cabeça nos chefes de polícia, que matava soldados, que furava cercos, que tinha poder para adivinhar os perigos" (p. 116).

Para José Lins, o cangaceiro era uma versão matuta de Robin Hood, saído da floresta europeia e revivido no sertão. Fazia justiça social, ao tirar dos ricos e dar aos pobres, como diz ainda em *Fogo morto*: "[...] Pobre não tinha direito. Quem sabia dar direito aos pobres era o capitão, era Jesuíno Brilhante, era o cangaço que vingava, que arrastava um safado como Quincas Napoleão" (p. 258).

A figura de Silvino se situa entre dois flagelos que assolaram os sertões de Pernambuco e da Paraíba entre 1896 e 1914, período em que ganhou fama de justiceiro social. Em 1914 foi preso e ficou em uma prisao no Recife por mais de vinte anos, só sendo solto em 1937, sete anos antes de morrer.

Em segundo lugar, José Lins atribui importância aos cangaceiros em razão do próprio lugar do cangaço na cultura popular, notadamente na literatura de cordel. A memória coletiva dos cantadores de ABCs remontava o fenômeno do cangaço ao Nordeste do século XVIII. A consagração da imagem desse "fora da lei" ocorreu no século XIX, com os legendários Jesuíno Brilhante, Antônio Silvino, Moita Brava e Rio Preto. A eles se seguiu o mais famoso cangaceiro, Virgulino Lampião, que aparecia sempre ladeado por Corisco, seu fiel escudeiro, e por Maria Bonita, sua mulher.

O cangaço interessou não apenas à literatura oral, mas à chamada "alta literatura". Antes de José Lins, um dos primeiros romances de temática regional, *O Cabeleira*, focalizou esse protagonista homônimo, legenda das sedições do cangaço. Jesuíno Brilhante também foi alvo de atenção. O escritor Rodolfo Teófilo publicou, em dois volumes, o romance *Os Brilhantes*, no ano de 1895.

Em 1930, enquanto Lampião ainda disseminava o terror e era procurado pela polícia, o cearense Gustavo Barroso dedicou-lhe um estudo: "Almas de lama e de aço: Lampião e outros cangaceiros." José Américo de Almeida também dedicou boas passagens ao cangaço, ele que chegara a lutar contra José Pereira, "cabra" do bando de Jesuíno Brilhante.

Em momentos de dificuldade, Jesuíno se estabelecia nas propriedades da família de Câmara Cascudo. Segundo relatos familiares, suas ações contrariavam a imagem do cangaceiro: não matava nem roubava sem justificativa; protegia donzelas e viúvas; defendia os oprimidos contra os poderosos...

Por essas e outras ambiguidades, o cangaço permanece vivo na imaginação literária e na imaginação popular, disseminando mitos da figura sertaneja pelo mundo afora...

T t

Traduções e adaptações

As adaptações das obras de José Lins em língua estrangeira não foram um fenômeno tardio, *a posteriori* de sua consagração como literato. Em realidade, o autor não precisou esperar ser laureado, em 1956, pela Academia Brasileira de Letras, um ano antes de seu falecimento, para que fosse alvo de interesse no exterior. A bem dizer, as traduções de seus livros não ocorreram apenas no momento em que, já do alto de sua notoriedade, editores de outras latitudes se interessaram em divulgar uma obra já consagrada no Brasil.

Ao contrário. José Lins foi traduzido à medida que sua obra foi sendo publicada. Se a conta não é exata, ano a ano, nem imediata, ao menos se pode estipular a precocidade de tais traduções, que variaram de livro a livro. Comecemos com um exemplo: *O moleque Ricardo*. Esse livro, que Manuel Cavalcanti Proença classifica de "romance-satélite" em relação ao ciclo da cana-de-açúcar, foi publicado no ano de 1935. Pois bem, nesse mesmo ano a obra já estava sendo traduzida para a língua russa.

No caso de *O moleque Ricardo*, é Graciliano Ramos quem dá pistas sobre o processo que resultou na versão do livro em russo. O indício se encontra numa carta endereçada pelo autor de *Vidas secas* ao amigo, datada de 10 de setembro daquele ano de 1935. Na missiva, depois de congratular o confrade e de considerar o livro excelente, formado por personagens quase todos negros e mulatos, o escritor alagoano afirma: "Enfim está aí você coberto de glórias, em véspera de ser lido em russo e preparando-se para escrever o quinto romance."

Perguntamos nós, com curiosidade: por que razão os soviéticos queriam verter para o alfabeto cirílico as páginas do romanceiro paraibano? Não seria difícil aventar a hipótese de que o teor político, presente e explícito no livro, poderia ser a chave decifradora.

O moleque Ricardo retrata o ambiente de Recife no final da década de 1910, em ebulição por causa das nascentes greves operárias na cidade, com personagens reais de sua época. Joaquim Pimenta (1886-1963) será protagonizado como dr. Pestana, no papel de líder sindical. José Cordeiro (1900-1926), contemporâneo do escritor na Faculdade de Direito, também figurará no livro. Segundo César Braga Pinto, trata-se de livro estritamente histórico, tal como explica o próprio José Lins: "No meu romance *O moleque Ricardo* eu fixei o ambiente acadêmico do Recife nos anos de 1919 a 1922. Mestres e discípulos num lamentável estado de prostituição mental."

Ao relembrar fatos e personagens da sua juventude estudantil na capital pernambucana, José Lins descrevia também a própria conjuntura dos tensos anos 1930 no Brasil. Estes foram marcados por golpes e tentativas revolucionárias malogradas, como a Intentona Comunista. Esta ocorreu justamente em 1935, quando os adeptos da "ditadura do proletariado" no Brasil, entre eles o ex-tenente Luís Carlos Prestes, sua mulher Olga Benário e outros filiados ao Partido Comunista, tentaram tomar de assalto o poder.

Pouco se sabia sobre a União Soviética àquela época. Muitas histórias fantasiosas pairavam sobre o regime do Leste Europeu. O desconhecimento dava ao comunismo uma ambígua aura de mistério. Era temido por uns e motivo de fascínio para outros. Não se tinha conhecimento ao certo do que se passava no outro lado do globo. Em razão disso, alguns simpatizantes comunistas brasileiros chegaram a conhecer o país, como o escritor Caio Prado Júnior, no ano de 1934.

José Lins não chegou a ser intelectual orgânico de nenhum partido, nem defendeu nenhuma ideologia mais estrita. Não participou da política como um militante. Na condição de cidadão e de cronista, entretanto, defendia sempre suas posições e tinha muito interesse pelo que se passava nas esferas de poder, do Legislativo e do Executivo. José Lins tinha relações pessoais com presidentes da República, como Getúlio Vargas e Juscelino Kubitschek. Como até a sua morte o Rio de Janeiro foi Distrito Federal, ia ao Palácio Monroe e ao Palácio Tiradentes, no Centro da cidade, ouvir discursos de senadores e de deputados federais.

Nos anos 1940, levado por amigos como Hermes Lima, filiou-se ao Partido Socialista Brasileiro, fundado em 1947. Mas, como se salientou anteriormente, estava longe de ser um ideólogo ou um dogmático. Sendo assim, o conteúdo dos seus romances, com temática social, ajuda a explicar suas publicações na União Soviética de então.

A língua russa ainda iria conhecer uma segunda obra de José Lins, *Cangaceiros* (1953). Livro que traz também a marca insurgente dos desvalidos no Brasil, sua primeira parte é consagrada à mãe dos cangaceiros, o que nos remete a um clássico da literatura engajada russa: *A mãe* (1907), de Máximo Gorki. O cangaço, episódio marcante da "rebeldia primitiva", como nominava o historiador inglês Eric Hobsbawm, contribuiu, por sua vez, para dar o tom *sui generis*, e um tanto exótico, da imagem do povo brasileiro, pobre, rústico e insurgente, através da literatura.

A tradução foi consumada em Moscou no ano de 1960, com publicação da Casa do Livro Estrangeiro. Seis anos depois, mais um país alinhado à União Soviética na Europa Oriental publicou um romance de José Lins. E não foi qualquer livro do autor, mas precisamente *O moleque Ricardo*. Desta feita, a obra seria publicada em romeno, língua de raiz latina, mais familiar ao nosso português. Com o título de

Negrul Ricardo, foi editado em 1966, na capital da Romênia (Bucareste), o romance político de José Lins, a cargo da Editora Pentra Literatura Universala, uma casa de edição muito importante no país à época.

De todo modo, o pouco conhecimento do Brasil perante os países do chamado "socialismo real" devia ser recíproco. Há uma grande probabilidade de que os soviéticos tivessem poucas informações sobre o Brasil. Talvez em virtude disso, os russos e os romenos tenham tomado a iniciativa de verter a obra brasileira de José Lins, sabedores de que a literatura era vista então como um poderoso veículo de expressão da "alma dos povos". Com lembranças vivas da infância e da juventude, José Lins narrava a vida bandoleira nos confins do sertão e as turbulências políticas de uma cidade que se industrializava, criava seus sindicatos e vivenciava seus conflitos e suas contradições de classe.

★ ★ ★

Os livros de José Lins não se limitariam às questões políticas e ao Leste Europeu. Ele despertou interesse também na parte ocidental do continente. Itália, Inglaterra, França, Alemanha, Espanha, todos esses países traduziram José Lins. Se nos ativermos ao exemplo de *O moleque Ricardo*, observamos que em 1974, na cidade de Milão, norte da Itália, na região da Lombardia, também conhecida pela forte presença industrial, foi publicado *Il treno di Recife*, com tradução de Antônio Tabucchi, a reunir em conjunto *Menino de engenho* e *O moleque Ricardo*. *Cangaceiros* também foi um livro que chamou a atenção dos editores italianos.

Nesse fluxo de traduções, uma pesquisadora de origem italiana se tornou famosa pelos seus estudos literários brasileiros. Luciana Stegagno Picchio foi responsável por traduzir, em 1956, *Fogo morto*, que em italiano chamou-se *Fuoco spento*. Verteu-o com a autoridade de quem conhecia a fundo os romances brasileiros. Ela foi a principal especialista na Itália dos estudos de língua portuguesa e escreveu o livro *História da literatura brasileira* (1997).

Não necessariamente as traduções da obra de José Lins ocorreriam de maneira imediata. Como vimos, o livro *Cangaceiros* aguardou sete anos pela versão em russo. Alguns títulos haveriam de esperar ainda mais, até mesmo décadas.

Um dos mais belos episódios de entusiasmo de um estrangeiro pela obra de José Lins do Rego aconteceu na França. O protagonista foi o célebre poeta suíço Blaise Cendrars. Ele não seria o tradutor, mas apresentaria de forma entusiasmada a obra de *Menino de engenho*, quando esta apareceu vertida na França. Se a novela foi lançada pela primeira vez em 1932, a versão francesa só viria a lume quase vinte anos depois, em 1953.

Na década seguinte, ganhou do amigo brasileiro Paulo Prado, na capital francesa, um exemplar de *Menino de engenho*. Segundo depoimento de

— 206 —

Atrás, a terceira da direita para a esquerda, tia Maria
com os filhos e agregados da casa-grande,
na fazenda de José Lins Cavalcanti de Albuquerque,
avô materno de José Lins, na Paraíba.
Atrás, à esquerda, José Lins do Rego.

1942. Visita a Campos, estado do Rio de Janeiro:
a partir da esquerda, Gilberto Freyre, José Lins do Rego,
Francisco de Assis Barbosa, José Cândido de Carvalho e,
em primeiro plano, um trabalhador.

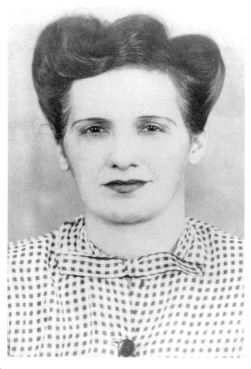

Philomena Massa, dona Naná, mulher de José Lins.

A "Casa Garzon", como a família Lins do Rego chamava a residência situada à rua General Garzon, 10, Lagoa, Rio de Janeiro, onde morou por muitos anos.

Maria Christina, filha de José Lins do Rego, e o marido, embaixador Carlos dos Santos Veras, em lua de mel a bordo do navio *Argentina*, rumo a Nova York, em 1952.

Cláudia, filha de Maria Elizabeth, neta de José Lins do Rego, em 1954.

Dona Naná e José Lins na varanda do hotel em que ficaram hospedados na Finlândia, em frente ao mar Báltico, em 1955.

José Lins e dona Naná na residência de Maria Christina, na Finlândia, em 1955.

As irmãs Maria Christina, Maria da Glória (Glorinha) e
Maria Elizabeth (Betinha) no Mosteiro de São Bento,
no Rio de Janeiro, em 1959.

José Lins do Rego entre as filhas Betinha
(com colar de pérolas) e Glorinha.

José Lins do Rego e José Olympio, na sala do editor.

José Lins do Rego prova o fardão para sua posse na
Academia Brasileira de Letras, em 1956.

Betinha e o pai na posse da
Academia Brasileira de Letras, em 1956.

Maria Christina, o marido, Carlos dos Santos Veras, e os três filhos: Adriana (em pé), Valéria e José, no Leme, Rio de Janeiro, em 1959.

Glorinha, o marido Ilidio Francisco, e os filhos Francisco e Maria Elizabeth, em Guaíra, Paraná, na década de 1960.

O engenho de Itapuã, no município de São Miguel de Taipu, na Paraíba, que serviu de cenário para o filme *Menino de engenho*, dirigido por Walter Lima Jr., em 1965.

A partir da esquerda, Glorinha, Betinha e Maria Christina, na sede da editora José Olympio, na Glória, nos anos 1990.

As novas edições de *Menino de engenho* (1932), *Doidinho* (1933), *Banguê* (1934), *O moleque Ricardo* (1935) e *Usina* (1936).

Histórias da Velha Totônia (1936), o único para o público infantojuvenil, *Pureza* (1937), *Pedra Bonita* (1938), *Riacho Doce* (1939) e *Água-mãe* (1941).

Fogo morto (1943), *Eurídice* (1947), *Cangaceiros* (1953)
e *Meus verdes anos* (1956).

Cendrars no prefácio ao livro vertido para o francês, a situação se passou da seguinte maneira:

> Em 1935, ao me dar em Paris o ciclo da cana-de-açúcar de José Lins do Rego me declarou: você se lembra, Blaise, do que você me disse um dia do "tempo perdido"? Eu acabo por crer que você tinha razão. Eu trago um autor que reencontrou o tempo. É o nosso Proust. Leia-o.
>
> (Blaise Cendrars, prefácio *La voix du sang*, p. 22)

Esse testemunho de Paulo Prado é parte integrante da apresentação de Cendrars a *L'enfant de la plantation*. O título do prefácio é sensorial e emotivo: *A voz do sangue*. O poeta europeu acentuou a admiração pelo livro.

Da mesma forma, o livro *Cangaceiros* despertaria interesse entre os franceses. Três anos depois de *Menino de engenho* é a vez de a derradeira obra de José Lins ser editada em Paris. A edição revela o fascínio do fenômeno do cangaço nos diversos países do mundo. Ao menos na Europa podemos perceber tal curiosidade na sequência de publicações: *Cangaceiros* sai em francês no ano de 1956; no ano seguinte, a versão espanhola é publicada; a tradução alemã também não demora — surge em 1958, na cidade de Bonn, com o título de *Rhapsodie in rot*, traduzido por Valdemar Sontag.

A língua inglesa vai conhecer quatro obras de José Lins. Na Inglaterra, em 1950, surge *Pureza*, que conserva o título original, sem tradução. Os Estados Unidos lançariam três romances em um: *Plantation boy* — edição conjunta dos livros *Menino de engenho, Doidinho* e *Banguê* — é traduzido em 1966 por Emmi Baum, graças a um importante editor de Nova York, o judeu Alfred Knopf. As correspondências por cartas também autorizam dizer que o autor de *Casa-grande & senzala* foi o responsável por viabilizar a tradução de José Lins em terras norte-americanas, junto a esse editor nova-iorquino.

A obra de José Lins, como a de outros colegas de sua geração, se aproxima de regiões fronteiriças. Fronteira que de início é linguística: o espanhol conheceu duas obras de José Lins vertidas na Península Ibérica. *Cangaceiros* em Barcelona, *El niño del ingenio de azúcar* em Madri. O primeiro logo após o lançamento, em 1957. O segundo saiu em período mais recente, em 2000. A edição madrilenha destaca-se pelo acabamento editorial, com a escolha de uma capa com cena no Jardim Botânico, baseado no quadro do pintor inglês William Havell (1782-1857). O prólogo do livro é do escritor e ator brasileiro Édison Nequete.

Sua ficção vai ser conhecida na América do Sul, mais precisamente no Chile e na Argentina. Uma vez mais as cartas nos ajudam a entender o processo de tradução, desta feita em castelhano. Cartas trocadas por José Lins com um editor em Santiago do Chile, no ano de 1942, levam a especular sobre uma publicação chilena de *Pedra Bonita*, embora não se saiba mais a respeito de sua concretização. Já em Buenos Aires cartas assinalam o interesse de editores argentinos na publicação dos romances do ciclo da cana-de-açúcar nos anos 1930. Não obstante, *Niño del ingenio* somente aparece publicado em 1946, por outra editora (Emecé) e por outro tradutor (Raúl Navarro).

Pouco acessível em território africano — a menos que se considerem válidas as línguas europeias oficiais, em Portugal, quase todas as obras de José Lins foram publicadas em volumes reunidos —, o autor de *Fogo morto* vem sendo divulgado até na Ásia. No continente asiático, uma tradução pioneira ocorreu em 1972, quando na Coreia saiu *Menino de engenho*. Mais recentemente, em 2000, graças a um pesquisador de origem japonesa, Kiyokatsu Tadokoro, *Menino de engenho* saiu no Japão, pela editora Sairyusha. As perspectivas são de que as obras de José Lins continuem a ser publicadas em japonês. Isso porque Masayuki Kibe, aluno de Tadokoro, aprendeu o português e veio ao Brasil estudar a obra de José Lins, defendendo uma tese sobre o romance *Fogo morto*.

★ ★ ★

José Lins não apenas assistiu aos seus livros passarem para outras línguas, como foi também tradutor de um livro estrangeiro. Isso pode ser compreendido pelo período em que viveu e por uma política de sua editora de toda a vida, a José Olympio. Nos anos 1930, mais de 60% dos romances publicados no Brasil eram traduções do estrangeiro. Como o campo editorial ainda não estava totalmente constituído, não havia tradutores especializados. Em razão disto, os próprios escritores faziam as vezes de tradutores.

Rachel de Queiroz foi quem mais se dedicou à tradução, com quase quarenta livros ao todo, numa média que chegou a trinta páginas traduzidas por dia.

Em 1940, José Lins do Rego traduziu *A vida de Eleonora Duse*, de E. A. Rheinhardt. O volume integrava a série *O romance da vida*, uma das várias coleções da editora José Olympio.

Eleonora Duse (1858-1924) foi uma atriz italiana que se tornou célebre na virada para o século XX. Apresentou-se nos palcos do Brasil por duas vezes: a primeira turnê em 1897, a segunda dez anos depois, em 1907. Nesta última, Duse apresentou-se no Teatro Lírico do Rio de Janeiro e no Teatro Santana, em São Paulo. Foi uma celebridade, contemporânea de Sarah Bernhardt (1844-1923) e de Isadora Duncan (1877-1927), a famosa dançarina moderna norte-americana, que organizou um espetáculo no Teatro Municipal de São Paulo, a 2 de setembro de 1916, ao lado do pianista Maurice Dumesnil, interpretando obras de Gluck e Chopin.

★ ★ ★

O cinema conheceria várias adaptações das obras de José Lins do Rego, o que comprova seu sucesso e interesse até as gerações mais recentes. O primeiro livro a ser transformado em filme foi *Pureza*. Publicado em 1937, três anos depois o diretor português Chianca de Garcia (1898-1983) levou-o às telas de cinema, com título homônimo. Contracenado pelo grande ator Procópio Ferreira, os originais da película foram deteriorados e o filme se perdeu.

O interesse cinematográfico por José Lins do Rego é intensificado nos anos 1960, com a adaptação de *Menino de engenho*, realizada pelo cineasta Walter Lima Júnior. As locações do filme foram feitas no próprio engenho onde José Lins passou a infância, e o menino Sávio Rolim, da própria localidade, interpreta Carlinhos. Um elenco destacado do Cinema Novo participa da filmagem, como Geraldo Del Rey, Maria Lúcia Dahl, Antônio Pitanga e Anecy Rocha, irmã de Glauber Rocha. O sucesso e a importância do filme na época valeram-lhe a sua restauração em 2001, com patrocínio da Petrobras e exibição no Festival de Cinema do Rio daquele ano.

A década de 1970 assistiria ao aparecimento de *Fogo morto* nas telas dos cinemas. Com direção de Marcos Farias, o filme teve um bom elenco, mas não obteve a visibilidade da adaptação de *Menino de engenho*, nem ficou à altura do romance que é considerado a obra-prima de José Lins.

Riacho Doce também seria adaptado, mas para a televisão. O livro virou uma minissérie de grande audiência na TV Globo dos anos 1980. Na década seguinte, o romance foi a base para um roteiro de cinema, numa coprodução entre Brasil e Estados

Unidos, em filme intitulado *Bela Donna* e dirigido por Fábio Barreto.

O gênero documentário também se valeria das obras de José Lins. Já em 1969, uma produção feita pela sua filha Betinha resultaria em documentário premiado pelo Instituto Nacional de Cinema, como melhor direção de curta-metragem. O diretor Valério Andrade teve, ainda, a assistência de um ás na fotografia, expoente do Cinema Novo, o fotógrafo e artista plástico Mário Carneiro. Seis anos depois, Walter Lima, que chegou a imaginar um filme que juntasse *Moleque Ricardo* e *Fogo morto*, dirigiu um curta sobre José Lins, com textos de Ivan Cavalcanti Proença.

O ponto alto dos documentários foi o recente *O engenho de Zé Lins* (2006), do cineasta paraibano Vladimir Carvalho, outra importante referência da geração formada no Cinema Novo brasileiro. Com fotografia do irmão, Walter Carvalho, o diretor revisitou a obra do autor através do depoimento de amigos, familiares e contemporâneos, como Lêdo Ivo, Carlos Heitor Cony, Ariano Suassuna e Thiago de Melo. Para as médias de público de documentários, o longa foi um sucesso de crítica e público, ficando várias semanas em cartaz nas salas do Rio de Janeiro e de São Paulo.

U u

Usinas e engenhos

> A verdade é que as usinas já estavam ali para
> humilhar os banguês do meu avô.
>
> (*Doidinho*, p. 94)

Há em José Lins do Rego uma lírica de adeuses.
Se a novela de Ernest Hemingway, *Adeus às armas*
(1929), ambientada na Primeira Grande Guerra
(1914-1919), tinha um tom épico, o autor de *Menino
de engenho* narrou as suas despedidas de forma lírica,
em meio ao mundo que nascia com o século XX: há
o adeus à mãe, que morre precocemente; há o adeus
à meninice da primeira infância, que se perde com
os sucessivos desterros de engenho em engenho; há
o adeus à pureza, que decorre dos "destemperos do
sexo" do escritor recriado no personagem Carlinhos;
e há o adeus das estações de trem, símbolo dos encontros e desencontros, de onde parte em fuga o amigo,
o moleque Ricardo, sem saber se um dia voltará...

Todas essas perdas e partidas parecem levar José
Lins irremediavelmente à nostalgia. Elas tocam nos
afetos mais íntimos, revolvem os sentimentos de
tristeza, assistem aos acessos de melancolia, que

vão e vêm: "Cortava-me a alma a saudade do meu engenho", dizia o personagem Carlinhos.

As despedidas não param por aí. No plano social, como em Hemingway, o lirismo de José Lins se soma ao gênero épico. É o adeus à epopeia rural do Nordeste e à sociedade patriarcal dos engenhos. É todo um mundo vasto e antigo que se despede, do qual apenas restam engenhos em ruínas e "farrapos de memória". Já no primeiro livro de José Lins, *Menino de engenho*, a sina da derrocada se prolonga no apuro narrativo, com tom melancólico: "E o açúcar subia e o açúcar descia — e o Santa Fé sempre para trás, caminhando devagar para a morte, como um doente que não tivesse dinheiro para a farmácia" (p. 99).

A morte social, todavia, é cíclica. Ela instaura, em contrapartida, um novo ciclo. O engenho agoniza. Em seu lugar, despontam as usinas, ainda desconhecidas e fora de controle aos olhos da tradição.

A usina, tal como se apresenta ao escritor, é veloz e voraz. Ela surge ainda no final do século XIX, como uma inebriante novidade, complexa e assustadora, com técnicas novas e com promessas de exorbitâncias quantitativas. Com as esteiras mecânicas, a dispor um açúcar mais refinado, alcança-se maior índice de produtividade. Uma usina podia produzir mais de 1.500 sacos de açúcar por dia, em extensões de terra que alcançavam até 170 quilômetros de estrada de ferro em seu interior.

Em processo crescente de metrificação e de quantificação, a usina calcula tudo. Vale-se para isso de novos utensílios, como tabelas e balanças. Das inovações tecnológicas, a mais revolucionária é aquela que acentua o emprego da energia elétrica. Ainda não implantada em todas as usinas, a luz elétrica torna-se modelar para as demais.

É o princípio de outros adeuses aos engenhos e aos banguês, antigos modos de produção, movidos à energia hidráulica — força da natureza — ou impulsionados pela energia dos carros de boi — força animal.

A visão de mundo do escritor centra-se nesse estado de destruição advindo da mecanização. Os avanços proporcionados pela transformação da ordem social não são valorizados. Não que José Lins não admirasse os inventos mecânicos em si, expressões em miniatura das maravilhas da maquinaria, como se flagra em *Meus verdes anos*:

> [..] A tia Maria me deu um gramofone de cilindro, para brincar, e que não funcionava mais. Apenas moviam-se as rodas da máquina como num engenho. Dava-lhe cordas e punha-se a mover a engrenagem. Aquilo me valia como o maior espetáculo da minha meninice. (p. 56)

A razão principal para tal lamento baseia-se no fato de que outrora, influenciado pela perspectiva crítica do amigo Gilberto Freyre, o mundo dos engenhos nordestinos formara grandes "zonas de confraternização". De acordo com Freyre, os engenhos proporcionaram espaços para a democratização social: entre pais e filhos, brancos e negros, mulheres e homens, seres humanos e natureza, homens e bichos...

— 215 —

Havia hierarquia, despotismo, violência e crueldade, Freyre não os nega. Ao mesmo tempo, porém, aquela sociedade formada nos tempos coloniais conhecera os "antagonismos em equilíbrio", isto é, contatos humanos e sociais integradores. O tipo de relação social construída na região da Zona da Mata, por fim, deu origem, segundo o autor de *Casa-grande & senzala*, à "civilização moderna mais cheia de qualidades, de permanências e, ao mesmo tempo, de plasticidade que já se fundou nos trópicos".

A usina compromete esse cenário de originalidade e de plasticidade. Ela coloca o *capital* no lugar do *afeto*, conforme diz o escritor Luciano Trigo: "a usina opera uma transformação radical na lógica da produção, que passa de organismo a maquinismo, maquinismo que se caracteriza pelo anonimato do senhorio". As usinas são, assim, agentes de despersonalização.

E como os adeuses merecem registro, as antigas unidades de produção açucareira, e seus tipos humanos, foram registradas não apenas nas novelas de José Lins ou nas obras sociológicas de Gilberto Freyre, mas igualmente nos filmes de Humberto Mauro.

A usurpação desses valores oriundos de afetos humanos e sociais, em âmbito individual e coletivo, repercute diretamente nos livros de Freyre e José Lins. As obras trazem consigo um lamento. Em *Usina*, por exemplo, quinto romance de José Lins, o capítulo introdutório é bem explícito quanto ao julgamento negativo das mudanças O sinal negativo da modernização parece indubitável na passagem do engenho à usina:

> [...] A história do Santa Rosa arrancado de suas bases, espatifado, com máquinas de fábrica, com ferramentas enormes, com moendas gigantes devorando a cana madura que as suas terras fizeram acamar pelas várzeas. Carlos de Melo, Ricardo e Santa Rosa se acabam, têm o mesmo destino, estão tão intimamente ligados que a vida de um tem muito da vida do outro. Uma grande melancolia os envolve de sombras. Carlinhos foge, Ricardo morre pelos seus e o Santa Rosa perde o seu nome, se escraviza (p. 30).

A usina é, assim, uma figura ameaçadora, vista com desconfiança, quando não com desprezo. Ela representa o lado sombrio da civilização e do progresso. Trata-se de uma geringonça esmagadora, dotada de proporções incomensuráveis. É um mecanismo que moderniza e desumaniza, é invasor e forasteiro, acinzentador, diria Freyre. A máquina vem para perturbar a ordem coletiva solidária.

Ela desfaz os laços emotivos contidos nas relações humanas e descolore os conteúdos poéticos da natureza e das situações sociais: pássaros cantando nas árvores, leite tirado das vacas no estábulo, crianças brincando livremente nos campos verdejantes. Uma cena típica desse antigo modelo pode ser transcrita de *Fogo morto*:

[...] Na casa de purgar ficavam os cinquenta pães de açúcar, ali onde, mais de uma vez, o capitão Tomás guardara os seus dois mil pães, em caixões, em fôrmas, nas tulhas de mascavo seco ao sol. Apesar de tudo, vivia o Santa Fé. Era engenho vivo, acendia sua fornalha, a sua bagaceira cobria-se de abelhas para chupar os restos de açúcar que as moendas deixavam para os cortiços. O povo que passava pela porta da casa-grande sabia que lá dentro havia um senhor de engenho que se dava ao respeito (p. 236).

O corolário dessa perda afetiva, em favor da máquina aniquiladora, é o aparecimento de novos personagens, mais precisamente os burgueses e seus cupinchas.

Com a usina, agregavam-se novos valores e elevavam-se os canaviais a um ritmo de exaustão produtiva. Os ricos usineiros das zonas rurais nordestinas demonstravam uma frieza calculada. Pautavam-se numa ética do trabalho emergente, em que tudo era submetido ao lucro e à gana argentária.

As usinas eram então subordinadas aos gerentes, em princípio sem ligação com a terra e com os empregados. Estes eram agora chamados de operários. Por isso, os que não trabalhavam, os parasitas sociais que se aglomeram nos eitos, não tinham vez e eram erradicados, indo para o engenho Gameleira, do tio Lourenço. Ao menos na usina, acabava o compadrio, constrangia-se a parentela.

★ ★ ★

O encerramento do romance *Banguê* é anunciado pelo narrador como o fim da era dos engenhos. José Lins vaticina o martírio da região, sob o império da usina:

> O Santa Rosa se findara. É verdade que com um enterro de luxo, com um caixão de defunto de trezentos contos de réis. Amanhã, uma chaminé de usina dominaria as cajazeiras. Os paus-d'arco não dariam mais flores porque precisavam da terra para cana. E os cabras de eito acordariam com o apito grosso da usina. E a terra iria saber o que era trabalhar para usina. E os moleques o que era a fome. Eu sairia de bolso cheio, mas eles ficavam (p. 237).

E o que nos conta a obra *Usina* (1936) em termos literários? Como o engenho Santa Rosa sofre a metamorfose e se converte em usina Bom Jesus? Qual é o epílogo, sob a égide da máquina, do extenso drama do ciclo da cana-de-açúcar, em agonia final no quinto livro de José Lins?

Dedicado a José Olympio e a Graciliano Ramos, amigo então na prisão, o romance começa com uma primeira parte intitulada "O regresso", que conecta o livro diretamente ao precedente: *O moleque Ricardo*. Após vivenciar peripécias e confusões políticas no litoral, onde chegara a ser preso por dois anos, amargando exílio no presídio da ilha de Fernando de Noronha, Ricardo está de volta ao engenho e à casa da família.

No princípio romanesco de *Usina* relata, em monólogo interior:

> Agora estava ali no trem, naquele banco comprido de segunda classe, vendo terras passando por ele, engenhos e canaviais subindo pelas encostas. Há quanto tempo não via um canavial com o vento soprando nas folhas, de pendão florido por cima da verdura que baixava e subia como uma onda! Como não estaria o Santa Rosa? E a Mãe Avelina, por onde andaria àquela hora? Se soubessem que ele voltaria, estariam contentes, ela, os irmãos, todos da rua estariam satisfeitos com a sua chegada, depois de tantos anos (p. 79).

Lá chegando, Ricardo não encontra mais Carlinhos, que também fugira, nem o coronel José Paulino, que já morrera. O seu mundo, aquele da partida, se esfacelara.

Em seu lugar, já na segunda parte do romance, depara com o dr. Juca, filho e um dos herdeiros do coronel, casado com dona Dondon. Antigo dono do engenho Pau d'Arco, o casal era agora proprietário da nova usina instalada na localidade. Nem Juca nem d. Dondon habitam a usina, que fica sob o encargo de gerentes. Com hábitos citadinos, vivem na capital e educam os filhos nos colégios finos de Recife. Com cadilaques esnobes, Juca repete o costume da elite endinheirada, que frequenta festivas pensões e visita mulheres de "vida fácil".

O impassível sucessor de José Paulino cultiva lazeres urbanos e difere substantivamente do pai.

Nesse romance com poucos diálogos — aspecto observado pelos críticos, desde Álvaro Lins, até os acadêmicos, veja-se o ensaio premiado de Mariana Chaguri — vem dito: "havia muita diferença dum coração de um senhor de engenho para o coração de um usineiro."

A transformação daquele sítio de engenho em usina não se deu sem resistências:

> A usina Bom Jesus nasceu dessa fraqueza, da luta entre a São Félix gananciosa e a família do velho José Paulino, querendo resistir à invasão que vinha de fora. O dr. Juca sonhava com o poder, com o despotismo que esteira de usina impunha. E o Santa Rosa fora recolhido para sede da fábrica pelas suas condições naturais (p. 88).

Mudam os personagens e finda o paternalismo que durante séculos unira aquela espécie de barões feudais a seus agregados. Químicos, engenheiros de origem estrangeira, capitalistas americanos e gerentes auxiliares tomam os lugares de lavradores. Condenam ao ostracismo os que trabalham nos ofícios de maquinista, turbineiro, mecânico, entre outros. Mudam as técnicas de produção e alteram o sistema de propriedade. A lógica excludente da cidade chega ao campo e remodela também a paisagem. De um lado, a imponência das chaminés de torres vermelhas; de outro, o fim dos roçados, plantações em pequena escala — algodão, milho, feijão — e das terras devolutas.

— 221 —

Na trama de José Lins, após anos de uma vida familiar luxuosa, o dr. Juca tem então de lidar com as instabilidades do preço do açúcar. Retirantes famintos, que sofrem com o aumento da pobreza e os salários miseráveis, praticam assaltos ou desertam num misticismo cego, como no caso trágico do pobre negro Inocêncio.

Em queda de lucros, Juca acaba forçado a contrair dívidas e a hipotecar parte das suas terras, para manter seu alto padrão de vida. D. Dondon já prevenira o marido dos riscos de ruína, desde que enriquecera repentinamente. Como um ímã que o empuxa ao fracasso, vingança cruel a quem abusara brutalmente do poder de mando, o usineiro assiste ao definhar de sua produção, junto com a crise generalizada do açúcar, crise esta de amplitude internacional.

A usina Bom Jesus tem destino inverso ao da usina vizinha, a austera São Félix do dr. Luís, concorrente na conquista por engenhos vicinais, à beira da falência ou submetidos a leilão. Falida a Bom Jesus, os sentimentos de humilhação e de desonra envergonham Juca, que se retira com a família para o ponto mais alto da caatinga. Já o sítio da Várzea é devastado pela cheia das águas do rio Paraíba. São águas agora poluídas, que transbordam, em verdadeiro naufrágio, que é um sinal vingativo do destino, na interpretação de Jaime de Barros.

Como sói acontecer nos romances de José Lins, a história termina com um triste fim para seus personagens principais.

— 222 —

V v

Viandante

Como conciliar a imagem fixada na literatura de José Lins do Rego — a do escritor regionalista, apegado às raízes rurais e ao cenário da várzea do Paraíba — com a figura do homem aventureiro, afeito à viagem, à curiosidade cosmopolita e às descobertas do mundo?

Certo, José Lins não foi um "provinciano incurável", como diria Luís da Câmara Cascudo, autodefinição e condição da qual se orgulhava o folclorista do Rio Grande do Norte. Tampouco chegou aos extremos de um Mário de Andrade, que se recusou a sair do país, para quem só o Brasil interessava, mesmo que como um "turista aprendiz". De todo modo, sem a mesma dicção nacional-provinciana — José Lins referia-se ao "nacionalismo botocudo" —, a fixação à terra natal e o compromisso com a região nordestina sempre são acentuados quando se fala no autor de *Fogo morto*.

O hábito de viajar ao exterior não foi cultivado desde cedo. É possível dizer que o *homo viator* foi uma vocação revelada já na maturidade da trajetória intelectual de José Lins. Uma vez descoberta, no entanto, as viagens internacionais se revelaram intensas e frutíferas. Elas não mais o abandonaram e tiveram desde então repercussões diretas em sua produção literária e até mesmo na percepção do Nordeste e do Brasil.

Embora na maioria das vezes eles se misturem entre si, podemos identificar três tipos principais de viagens, vivenciados nas experiências do escritor: 1) a *diplomática*, fruto do convite de instituições oficiais do Brasil e do exterior; 2) a *esportiva*, originada da sua condição de dirigente do Clube de Regatas do Flamengo e de secretário da Confederação Brasileira de Desportos; e 3) a *turística*, derivada de passeios particulares, alguns deles com fins familiares.

As viagens ao exterior têm início na década de 1940. Em 1943, começa a viajar pela América do Sul. Em missão oficial, a pedido do Itamaraty, visita dois países vizinhos: a Argentina e o Uruguai. No primeiro, profere conferências sobre o romance brasileiro em uma instituição importante, o Colégio Livre de Estudos Superiores, situado em Buenos Aires e fundado em 1930, com inspiração no tradicional Colégio de França e no Colégio do México. Poucos anos depois, extrai daquela viagem o volume *Conferências no Prata* (1946), publicação que contém suas palestras sobre os romancistas brasileiros, notadamente Machado de Assis e Raul Pompeia.

Em 1950, faz sua primeira viagem com destino à Europa e dá início a uma série de peregrinações pelo continente. A convite do consulado francês, visita

— 224 —

Paris, cidade recomposta após a Segunda Guerra e o descalabro da ocupação nazista na cidade. Da capital francesa, envia crônicas ao Brasil, remetidas por cartas pela principal viação aérea brasileira da época, a Panair. Nas crônicas, conta as suas primeiras impressões da "Cidade Luz" e do Velho Mundo.

As matérias são publicadas no jornal *O Globo*, do diretor Roberto Marinho, a quem dedica o livro *Homens, coisas e seres* (1952). Elas relatam seus encontros com o pintor Cícero Dias na capital francesa. Entre os fatos pitorescos e marcantes, conta que o amigo Cícero o levou à casa do pintor espanhol Pablo Picasso, situada na rue des Grands-Augustins, no coração de Paris. Narra também a sua ida à sede da embaixada brasileira na França, onde se encontra com os diplomatas Souza Dantas, Carlos de Ouro Preto e Guimarães Rosa. De trem, ainda naquele mês de maio de 1950, conhece o Sul da França.

Em sua viagem pelas províncias francesas, descreve castelos, vinhos, paisagens e histórias de várias cidades, como Menton, Antibes, Nimes, Camargue, Angers e Avignon. Reunidas em livro, as crônicas seriam publicadas em 1952, com o título *Bota de sete léguas*, onde se coligem também descrições dos traslados à Escandinávia e a Portugal no ano seguinte, em 1951.

Depois do convite feito pelo governo francês, outra viagem de cunho diplomático iria ocorrer em meados dos anos 1950. O destino dessa vez era o Oriente Médio, e se deu por intermédio do consulado de Israel no Brasil. A razão para o convite se devia ao fato de que, durante a Segunda Guerra, José Lins havia publicado na imprensa vários textos em solidariedade ao povo judeu, posicionando-se contra o genocídio e contra a implacável perseguição antissemita no mundo.

Recém-formado o Estado de Israel, entre fins de 1947 e princípios de 1948, José Lins é convidado pelo Centro Cultural Brasil-Israel para conhecer o país no segundo semestre de 1955. Entre agosto e setembro daquele ano, o escritor visita várias cidades, entre elas Tel-Aviv, a capital israelense, e Jerusalém, famosa por suas terras sagradas e milenares. Durante o périplo, tem ainda a oportunidade de conhecer a realidade de um *kibutz*, as comunidades coletivas de produção agrícola do interior do país.

A visita também é acompanhada de diversas impressões escritas para jornais brasileiros. Por iniciativa dos amigos, no ano seguinte, em 1956, 11 crônicas são selecionadas e publicadas em livro, com o título de *Roteiro de Israel*. Na obra, em tom de admiração, destaca as virtudes de um Estado, então com menos de uma década, e as qualidades de uma nação, que contava milênios de existência. A beleza dos textos é realçada através de imagens desérticas e marinhas, evocadas pela paisagem do Oriente Médio.

★ ★ ★

Além das missões culturais e diplomáticas, outra faceta do nomadismo de José Lins foi a presença em eventos esportivos internacionais.

Como representante de clubes e de entidades desportivas, volta à Europa durante a década de 1950. Em 1951, durante os meses de junho e julho, o escritor chefiou a delegação esportiva do Flamengo, em sua excursão à Europa. José Lins ficou à frente da equipe rubro-negra, que pela primeira vez se dirigia ao continente europeu.

O destino principal era a Suécia, onde disputa uma série de partidas e toma parte nas cerimônias protocolares oferecidas pelo governo sueco ao clube brasileiro. Em contrapartida, a comitiva do Flamengo deposita uma coroa de flores no túmulo do rei Gustavo.

Hábito corrente, as viagens estimulavam sua colaboração na imprensa, em crônicas que relatavam suas impressões de "homens, seres e coisas", conforme dizia o nome de sua coluna nos *Diários Associados*. Embora uma missão esportiva requisitasse crônicas sobre futebol, não deixava de acentuar seus traços líricos, vendo as coisas com olhos infantis. Em flagrantes de realidade, como o texto publicado no *Jornal dos Sports*, intitulado "Os meninos suecos", dizia o escritor:

> Estão por toda parte, pelas ruas, nos restaurantes, sozinhos, ou em grupos pelos parques, e são donos de tudo. Não há *chauffer* que não se atreva a buzinar para uma bicicleta conduzida por taco de gente de

gorro vermelho. Eles têm o privilégio de serem os primeiros. Agora, com os rapazes do Flamengo, encontram um brinquedo de sensação. Andam, aos magotes, de caderno e lápis nas mãos, atrás de autógrafos. Alguns vêm com álbuns organizados que a direção de Busson fez com nossos jogadores. E desde que a direção de Busson proibiu as visitas para a cata de autógrafos, escondem-se atrás dos pinheiros, e ficam de longe, a fazer sinais, como se estivessem violando um preceito sagrado. E sorriem, com todos os dentes, com os cabelos louros aos ventos, como se fossem anjos caídos na floresta que começa a rebentar em brotos. Vendo-os assim, soltos pelas estradas, cada um mandando na sua vida, é que a gente chega a compreender esse povo, que é forte e bom, e sem espécie alguma de complexos.

(Jornal dos Sports, 26/5/1951)

Como foi dito antes, as viagens extrapolavam as suas intenções estritas originais. Assim, durante a excursão com a equipe do Flamengo, José Lins aproveitou para conhecer cidades como Lisboa, "a boa", e Sintra, "a linda", e para estabelecer contatos com grandes nomes da literatura. Em 1951, a passagem do escritor por Portugal foi motivo para recepção e homenagem de renomados escritores portugueses.

Outra viagem importante relacionada ao futebol ocorreu no Campeonato Sul-americano de 1953, no Peru. Foi José Lins o chefe responsável pela presença da Seleção Brasileira em Lima, na capital peruana. Depois de ser recepcionado pelo embaixador

Waldemar Araújo, José Lins acabaria vivenciando os extremos a que pode levar a intensidade da paixão futebolística no Brasil: ao longo do campeonato, e na sequência da eliminação da equipe da competição, se desentendeu com o técnico e com alguns jogadores — brigou verbalmente com o ídolo Zizinho — e inflamou-se com a saraivada de críticas da imprensa.

O resultado foi o seu afastamento, por alguns anos, da crônica esportiva. Continuou a acompanhar o seu Flamengo, sempre apaixonado, mas longe do exercício de funções e cargos oficiais.

★ ★ ★

As viagens turísticas também foram intensas no decorrer dos anos 1950. José Lins se deparou com praias e ilhas, museus e templos históricos. Em 1952, visita a Itália e descobre as diversas faces de suas cidades: Veneza, Florença, Pompeia, Capri, Gênova, Siena, Roma. Em 1954, conhece a Grã-Bretanha, a Alemanha e a Suíça, e faz um grande périplo pela Europa, em lugares como Lisboa, Porto, Madeira, Córsega, Paris, Londres e Roma. Tudo é registrado em suas crônicas.

Na capital italiana, relata seu encontro com Sérgio Buarque de Hollanda, então residente na Itália, na condição de professor da cátedra de História da Civilização Brasileira. Sérgio convidou José Lins para um almoço, seguido de um passeio a pé pelas ruas e praças da antiga cidade. Ao chegarem à praça

Navona, comenta o historiador: "Aqui o barroco atingiu a sua grandeza maior. Bernini conseguiu o máximo de sua inquietude plástica nas figuras dessas fontes."

Em verdade, as viagens de José Lins não devem ser chamadas propriamente de turísticas. Uma das principais razões para viajar era o fato de sua filha caçula, Maria Christina, ser casada com o diplomata Carlos dos Santos Veras. Ao longo daquela década, ela veio a residir em países tão diferentes quanto os Estados Unidos, a Finlândia, a Grécia, o Quênia e a Romênia. Sempre que podia, José Lins conseguia uma brecha para visitá-la. Passou duas temporadas maiores em Helsinque, capital finlandesa, e em Atenas, capital grega.

Foi duas vezes à Grécia. A primeira vez em 1955 e a segunda em 1956, ocasião em que ficou três meses, logo depois do nascimento do neto José, a quem dedicou *Meus verdes anos*, sua "lição de vida". Além do contato com a família, pôde aproveitar para conhecer as ilhas que pontilham a bacia do mar Egeu. Fez expedições a Delfos, descreveu a luminosidade marítima do país, sentiu o halo do passado e tratou de meditar sobre as belas páginas de história da arte, mitologia e civilização que ali se desenrolaram.

Em suas viagens de visita familiar, a exceção ocorreu em princípios de 1954, quando não conseguiu se encontrar com a filha nos Estados Unidos, devido a um mero entrave burocrático do governo norte-americano. Em processo lento e demorado,

José Lins não obteve autorização para o visto no passaporte, uma vez que seu nome foi encarado com certa suspeição pela embaixada dos Estados Unidos. A suspeita se devia ao fato de ser um escritor com vários amigos simpáticos ao comunismo. Estávamos em plena Guerra Fria e os Estados Unidos viviam a paranoia do macarthismo. O incidente causou indignação ao romancista Erico Verissimo, que então lecionava nos Estados Unidos e resolveu escrever uma carta em solidariedade ao amigo.

* * *

Assim, de um conjunto de viagens a Portugal, Espanha, França, Inglaterra, Suécia, Finlândia, Dinamarca, Grécia, Itália, Israel, resultam livros em que colige os seus curtos apontamentos. De uma espécie de diário de bordo vêm a lume *Bota de sete léguas* (1952), *Roteiro de Israel* (1955), *Gregos e troianos* (1957) e parte de *O vulcão e a fonte* (1958) — este último, obra póstuma.

Nesses quatro saborosos livros José Lins do Rego discorre não apenas sobre a paisagem de terras distantes, mas reflete com gravidade sobre temas relativos à condição humana. Em "páginas coruscantes de lirismo e de imagens", o autor palmilha as terras milenares das antigas civilizações grego-romanas e judaico-cristãs, sonda os fenômenos da criação artística e literária, descreve homens em fatos corriqueiros e em situações fortuitas do cotidiano.

Para além do turismo que se tornava cada vez mais ordinário nos anos de 1950, o que parece estar em jogo nessas impressões de viagem são também as questões que permeiam suas antigas concepções sobre a relação entre a arte e a vida, o homem e a história, a natureza e a "alma dos povos", tendo, com frequência, como contraponto e como pano de fundo, as reminiscências de seu torrão natal.

A experiência da viagem, tão cara aos modernistas brasileiros dos anos 1920 em seus empenhos de *descobrir* o Brasil, aparece em José Lins do Rego pela via inversa, adquirindo, ao mesmo tempo, importância decisiva. É através da viagem à Europa e ao Oriente Médio que o autor recorre às suas lembranças e reminiscências para evocar os aspectos considerados por ele peculiares ao Brasil, ao Nordeste e ao Rio de Janeiro.

Assim, a continuidade das questões culturais e artísticas do regionalismo de José Lins do Rego dá-se na medida em que suas crônicas de viagem oferecem uma visão privilegiada das relações entre sociedade e subjetividade e da visão de mundo do escritor, sempre permeadas por aquilo que Josué Montello chamou de seu *ideário estético*.

A apresentação de *Gregos e troianos* explica não apenas o propósito do livro como faz uma espécie de teoria sensitiva do ato de ver ao viajar. Depois de agradecer ao editor Adolpho Bloch e aos funcionários da *Panair*, que lhe permitiram ver "terras de Espanha e areias de Portugal", teoriza José Lins:

Não se trata de um livro de viagens. Antes do livro de um míope que precisa fixar-se mais nas coisas para senti-las melhor. O míope não olha os homens e os fatos com rapidez. Pelo contrário, procura o mais que pode demorar a vista, ajudada pelas lentes, no que corre em sua frente. No processo de ver do míope entram mais os outros sentidos do que a visão dos normais. Às vezes os ouvidos ajudam os míopes a registrar as suas impressões. Olhos e ouvidos conjugados. Desde que me ponho a escrever sobre criaturas e paisagens a confusão de todos os sentidos me dá das realidades miragens que se humanizam profundamente. Não me detenho para colheita de nomes e cifras. Detenho-me para sentir como se estivesse numa sala de espetáculos. O míope recorre aos ouvidos, ao tato e ao cheiro e se confunde com o objeto e se transforma em íntimo amigo das coisas. De tanto querer ver de perto entra na festa sem ser convidado. Este livro que aqui está não passa assim do esforço de um míope que não quer passar por cego.

José Lins não era alguém que simplesmente passava pelos lugares. Também não foi um cronista no sentido dos viajantes seiscentistas e setecentistas, como Saint-Hilaire, Luccock ou Koster, que se detinham nos pormenores naturalistas da realidade.

Ele foi mais um impressionista. Auscultador da terra, sentiu-a e diagnosticou-a. Mais do que um viajante, seria adequado chamá-lo um *viandante*. Segundo os dicionários, viandante é aquele que viaja sempre exercendo alguma ação: observando, escrevendo, pesquisando... Faz isto para que outros tenham a facilidade do aprendizado com o vivido e o explorado. Trocando em miúdos, um viandante é um facilitador: ele leciona com conhecimentos retirados da experiência e oferece, saborosamente, a todos, no caso de José Lins, através de suas crônicas.

W w

Western Railroad Company of Brazil

> [...] E uma vez trouxe para mim um brinquedo extraordinário: um trem que corria sobre trilhos
>
> (*Meus verdes anos*, p. 83)

Como se explica a fascinação de José Lins do Rego pelo trem? Por que esse meio de transporte se fez tão marcante em sua fabulação? De onde vem a magia do apito das locomotivas? Como ela se manifestou na literatura zeliniana?

Uma boa pista para responder a essas perguntas é o fato de o trem estar presente na memória de infância de José Lins e, ao mesmo tempo, pertencer à própria história do desenvolvimento dos meios de transporte no país, da segunda metade do século XIX em diante.

No imaginário popular, os trens foram imortalizados na figura singela da maria-fumaça, pequena locomotiva movida a vapor, cujo nome se tornou conhecido em todo o Brasil. Quanto mais o tempo passou, mais essa rústica engrenagem, composta de caldeira, máquina térmica e carroçaria, foi idealizada.

Quem não se lembra da imagem da cauda de fumaça a sair da chaminé do trenzinho e a se perder no azul do horizonte? Quem não se recorda do onomatopaico *piuííí*, seguido do barulho mecânico das rodas a fazer *choquechoquechoque*...?

As primeiras locomotivas no Brasil foram apelidadas de balduínas, corruptela de Baldwin, nome da marca norte-americana que instalou os primeiros vagões ferroviários no país. Outra nomeação popular curiosa dos trens no país foi a de maxambomba — de *machine pump* —, pequena locomotiva inaugurada em Recife em 1867, uma das primeiras ferrovias urbanas da América Latina.

As estradas de ferro tinham uma dupla utilidade: serviam para o deslocamento de pessoas e ligavam os centros de produção agrícola aos portos de escoamento no litoral. Das trilhas famosas, seria o caso de mencionar a estrada Santos–Jundiaí, iniciada em 1860, e também a Porto Alegre–São Leopoldo, inaugurada em 1874. A empreitada levou à necessidade de ação por parte de engenheiros, técnicos, militares e cientistas, seja na construção de vias férreas, seja no erguimento de pontes que superassem os obstáculos físicos impostos pelo curso dos rios.

No início do século XX, companhias norte-americanas vão investir na região Norte do país, com a implantação de estradas de ferro como a famosa Madeira–Mamoré, também chamada "ferrovia do diabo", no Acre. A expedição amazônica, marcada por terríveis mortes de trabalhadores na imensidão

— 236 —

verde dos seringais, foi relatada em livro pelo estadunidense Neville B. Craig. A estrada foi construída para atender aos interesses comerciais do governo nacional com a Bolívia e para aumentar a fatura dos carregamentos de borracha com vistas à exportação via oceano Atlântico.

Já no Nordeste, a empresa Great Western Railroad Company of Brazil, de origem britânica, foi fundada em 1881. Ela projetaria vias férreas que permitiram não apenas a aceleração do transporte de cargas e dos produtos primários, como também a criação de um sistema de telégrafos no interior nordestino.

Em 1911, a companhia já detinha 12 estradas de ferro independentes e perfazia mais de 2 mil quilômetros de trilhos instalados somente no estado de Pernambuco, vindo a constituir uma das mais prósperas empresas no Nordeste até a eclosão da Primeira Guerra Mundial. Um ano depois, uma imponente estação ferroviária é construída na Paraíba, como parte da dinamização da economia na sua capital.

O capital da incipiente indústria nacional também participaria da construção de estradas de ferro. Cinco anos após a fundação da empresa britânica Great Western Brazilian Railway (G.W.B.R.), em 1886, cria-se a Companhia de Estradas de Ferro Conde d'Eu. Esta seria responsável por interligar o interior paraibano ao porto da capital — Varadouro — assim como ao porto marítimo de Cabedelo e à estação balneária de Tambaú.

— 237 —

Em 1907, a chegada da ferrovia a Campina Grande favoreceu ainda mais este centro comercial estratégico da Paraíba. Ela beneficiou comerciantes de algodão como o *coronel* Cristiano Lauritzen (1849-1923), de origem dinamarquesa, dono da Casa Inglesa, que se tornaria prefeito e chefe político da cidade.

No Rio de Janeiro, epicentro do Segundo Império e depois capital da República, a Estrada de Ferro Central do Brasil começou a ser construída em 1855. Àquela época, tinha o nome de Companhia de Estrada de Ferro dom Pedro II, e seu primeiro engenheiro foi um inglês, Edward Price. Construída e ampliada lentamente, a ferrovia alcançou com o tempo as províncias do Rio, de São Paulo e de Minas Gerais.

Outro dos grandes feitos daquela estrada foi a incorporação de ramais que deram origem à ocupação dos subúrbios do Rio de Janeiro. A partir da estação da Leopoldina, sua malha viária permitiu a criação de bairros destinados à residência de trabalhadores mais pobres, expulsos do Centro do Rio após as reformas urbanas do prefeito Pereira Passos.

★ ★ ★

A Great Western foi a companhia responsável pela circulação dos primeiros trens no interior da Paraíba. Foram, portanto, aqueles que José Lins conheceu. Foram as estradas de ferro que levaram o imperador dom Pedro II às terras do Pilar, onde foi recepcionado pelo avô na estação de trem, em acontecimento histórico rememorado de geração a geração no engenho.

A crônica "Viagem sentimental" narra as lembranças de José Lins acerca do papel histórico do trem e, em especial, daquela companhia na região:

> Resolvi repetir a minha velha viagem de trem pela G.W.B.R. dos ingleses, hoje Rede Viação do Nordeste. Nos meus tempos de menino, tínhamos, aqui no engenho, trens de ida e volta, do Recife à Paraíba. Marcava-se o relógio pelos horários da Estrada de Ferro Recife e Paraíba; tudo no bom ritmo das máquinas que queimavam carvão de pedra. Subia para o céu a fumaça escura que cheirava demoradamente. E o "vapor", como o chamava o povo, fazia todos os serviços com a máxima regularidade. [...] Vieram técnicos, apareceram maquinistas, para que tudo andasse bem. E, assim, até a guerra de 1914, a G.W.B.R. deu conta, com perfeição, do seu recado. Logo depois, sem contar com combustível importado, sem íntimas relações com as Ilhas Britânicas, os serviços caíram muito. Passamos às desordens, aos atrasos do tráfego. Os ingleses não davam mais conta de rede.

> (*Gregos e troianos*, p. 175)

Ao comentar sobre um livro dedicado à história desse meio de transporte, na crônica "A vida de uma estrada de ferro", José Lins volta a apontar a importância do trem:

A linha de ferro nos comunicava um verdadeiro entusiasmo, como se fosse um poder fora da Natureza. Lembro-me dos parentes da Cotinga ou do Itanhé, a velha prima Felismina, que conduzimos ao corte de Pacimeia, para que ela visse de perto, pela primeira vez, o trem.

(*O vulcão e a fonte*, p. 261)

A presença do trem na paisagem nordestina esteve presente em diversas passagens e em quase todas as obras de José Lins. Em *Banguê*, a volta de Carlos de Melo ao engenho Santa Rosa é descrita sob o ângulo de quem vê de dentro do trem:

Da janela do vagão via o Santa Fé novo em folha, com a casa-grande espelhando ao sol. Depois o Santa Rosa ficando de longe. O trem já apitava na curva do Caboclo. O bueiro, as cajazeiras, os mulungus da estrada ficavam. Tudo ficava para trás.

Lembrei-me do retrato do velho Zé Paulino, de olhos bons e com a cara mais feliz do mundo. O neto comprara uma passagem de trezentos contos para o mundo (p. 238).

No ano seguinte, o romance *O moleque Ricardo* volta a enfocar, desta vez com maior ênfase, a importância do trem em sua imaginação. Ele impulsiona a fuga do moleque do engenho, sob o fascínio exarado pelo silvo da máquina possante:

— 240 —

[...] Naquele dia enquanto puxava os peitos das tu-
rinas, Ricardo pensava no condutor, no mundo, nas
viagens. [...] Uma cousa que lhe perturbava quase
sempre era o apito do trem. A sua grande ambição,
o seu sonho maior, não seria uma cousa do outro
mundo. Ricardo queria somente ser maquinista
(p. 38 e 41).

É possível observar como nesse caso o personagem
Ricardo projeta plenamente um desejo antigo de
José Lins. Certa feita, entrevistado pelo *Anuário
de Literatura Brasileira*, uma importante fonte de
informação literária no Brasil dos anos 1930, José
Lins foi categórico. Na enquete, diante da pergunta:
"O que seria se não fosse escritor?", o romancista
respondeu que gostaria de ser maquinista de estrada de ferro, pois desde menino ouvia de sua cama
o apito do trem.

Em seguida, já adulto, José Lins veio a conhecer
sua futura esposa Naná, no início dos anos 1920,
em uma estação de trem. No imaginário de vários
literatos, como o do amigo Graciliano Ramos, o
trem era fonte de encontros e desencontros, de idas
e vindas amorosas. Como relata seu biógrafo, Dênis
de Moraes, no livro *O velho Graça*:

De longe avistaria Heloísa, sentada num dos bancos
largos, e sentiria o coração apertar ao vê-la cho-
rando, exatamente como na despedida na estação
da Great Western, em Maceió. O longo abraço de

saudade arrancaria lágrimas também de Luccarini, antigo auxiliar de Graciliano na Instrução Pública, que em tratamento de saúde no Rio decidira prestar-lhe solidariedade e a distância observava a cena.

Ao lado das idealizações de infância e juventude, a chegada da estrada de ferro ao interior trouxe também conflitos e contrastes sociais. Em *Pedra Bonita*, por exemplo, cujo cenário é o sertão adusto, onde grassam o misticismo e o banditismo, as ferrovias são bloqueadas pelas ações do cangaço. No romance de 1938, engenheiros e operários que estendem a linha de ferro são expulsos após os ataques dos cangaceiros contrários àquela missão civilizadora que ameaçava seu domínio territorial.

Outro romance em que a ferrovia ultrapassa a visão lírica de menino é o próprio *O moleque Ricardo*. A estrada de ferro significa liberdade para um adolescente, é sinal de emancipação da terra à qual estava ligado desde o nascimento. Aqui a ferrovia é mais do que o elo físico entre o campo e a cidade. Via de mão dupla, o trem também transporta consigo os valores da vida urbana para a vida rural. No caso, a penetração do trem na várzea paraibana implicou um fermento de consciência da exploração do mundo do trabalho.

Vejamos o trecho do romance *O moleque Ricardo*. A obra narra a história de um jovem pobre de 16 anos, filho da negra Avelina, que sai do engenho

Santa Rosa para morar na capital pernambucana. Eis suas primeiras impressões da cidade, ainda do interior do trem:

> O trem puxava, as estações se sucediam. Ricardo notava que a gente que entrava no vagão já era diferente, gente mais despachada, ganhadores pedindo frete, moleques vendendo jornais. O Recife estava próximo. A cidade se aproximava dele. Teve até medo. Falavam no engenho do Recife como de uma Babel. "Tem mais de duas léguas de ruas." "Você numa semana não corre." E bondes elétricos, sobrados de não sei quantos andares. E gente na rua que só formiga. O dia todo é como se fosse de festa (p. 49).

★ ★ ★

O trem esteve presente em quase todas as obras de José Lins. Há uma, no entanto, em que ele adquire maior significado, para além de citações passageiras: *Pureza* (1937). Dividido em 33 capítulos, com estrutura simples e linear, o livro tem por cenário paisagístico a estação de trem de um remoto vilarejo — "oco do mundo" —, à margem da Great Western, descrito em termos quase bucólicos.

Xilogravuras e ilustrações

De onde vem a sinergia entre letra impressa e arte gráfica? E, em particular, como ela aparece nas ilustrações dos romances de José Lins? Seriam os desenhos das capas meros complementos, detalhes ilustrativos sem maior importância? Ou, ao contrário, as ilustrações no interior dos livros expressam com sucesso boa parte das emoções descritas nas histórias? Até que ponto os desenhos presentes nos romances seriam fruto das grandes amizades cultivadas por José Lins e estabelecidas ao longo de sua vida com outros artistas?

É bom dizer que literatura e pintura no Brasil tiveram uma relação de proximidade desde muito cedo. Nos detenhamos no terreno da cultura popular. Se pensarmos no Nordeste, em especial, o caso da literatura de cordel mostra como os recursos visuais são parte constitutiva das obras desde o seu nascedouro. Os repentistas souberam associar as palavras escritas às imagens das gravuras populares, em particular as xilogravuras, feitas por entalhadores e artesãos populares.

Os livrinhos populares — aqui denominados *folhetos de cordel* — constituíam mais do que simples artefatos naturais, sem intermediários, dados de antemão e cuja autoria era única, pura ou exclusiva. A materialidade dos cordéis atravessava uma cadeia de elementos que influenciavam no resultado final. Ela acionava uma diversidade de agentes — o versejador, o tipógrafo, o editor, o xilógrafo, o vendedor e o leitor —, e muitas alterações ocorriam no curso desse mosaico de interações sociais.

Gestada na França, a literatura de cordel transplantou-se de Portugal ao Brasil e enraizou-se no Nordeste brasileiro em fins do século XIX. A sua base de ilustração principal foi a xilogravura, técnica de reprodução que se valia da madeira como matriz para as estampas dos livretos. Ilustrado com motivos da cultura popular, o cordel esteve inicialmente voltado para a narração de grandes temas legados pela tradição oral da Península Ibérica. O romanceiro popular soube assim materializar visualmente e reproduzir por meio de histórias as artes da memória coletiva, da transmissão oral e da impressão xilográfica.

Um sem-número de acontecimentos e de personagens característicos da história do Nordeste — Lampião, Padre Cícero, Antônio Silvino, a seca e a guerra de Canudos — foi adaptado e endossou o estoque de contos populares, ganhando suas próprias versões nas narrações do cordel.

O Nordeste transformou-se, assim, em um celeiro de exímios compositores de cordel, estudados por

Manuel Diegues Júnior, José Veríssimo e Leonardo Mota. Este último revelou poetas populares como Inácio da Catingueira, Ugolino do Teixeira e Romano da Mãe-D'água. Entre os principais cordelistas, podemos citar João Martins de Ataíde (1880-1959), Francisco das Chagas Batista (1895-1930), Rodolfo Coelho Cavalcante (1917) e Leandro Gomes de Barros (1868-1918).

Ao lado da criação literária e das técnicas imagéticas, sua utilidade passou também nesse momento por seu caráter de informação, com a repetição e a veiculação de notícias difundidas pelos jornais e pelas rádios nas áreas mais afastadas do sertão. A grande emigração nordestina para a região Sudeste do país em meados do século XX propiciou a ampliação do repertório temático dos cordéis e a sua repercussão em âmbito nacional. A descrição dos acontecimentos diários ganhou grande importância para sua aclimatação em outras cidades.

A técnica da peleja verbal, com a arte de contar histórias por meio de quadras, sextilhas, septilhas, oitavas ou décimas, fez os repentistas encontrarem nos fatos cotidianos a sua matéria-prima. Através das informações colhidas na imprensa, expressa por desenhistas atentos ao noticiário desse mesmo dia a dia, eles teciam comentários e emitiam opiniões acerca de tudo aquilo que viam e ouviam nas cidades em que chegavam. Tal qual um repórter da vida urbana, qualquer notícia divulgada pelos meios de comunicação passou pelo crivo estético das xilogravuras e passou a servir ao relato criativo dos cordelistas.

José Lins foi um grande admirador não apenas da literatura de cordel, como também das diversas formas expressivas da cultura e da arte popular. Entre os artistas nordestinos mais admirados pelo romancista, o nome do ceramista Vitalino Pereira dos Santos (1909-1963) ocupa o lugar principal.

* * *

A estilização das capas de livros, sob a forma de desenhos com origem popular, pode ser identificada em alguns casos precursores na Europa. A arte da ilustração foi a matéria-prima do francês Gustave Doré (1832-1883). Sabe-se que no século XIX o clássico romance de cavalaria, *Don Quixote de la Mancha*, foi ilustrado e imortalizado por ele, que trabalhava diretamente sobre a madeira, além de pintar e esculpir.

Não apenas a obra de Miguel de Cervantes passaria por seu crivo, mas outras produções igualmente grandiosas da literatura europeia, tais como as de Dante Alighieri, Rabelais, Honoré de Balzac, Victor Hugo, Edgar Allan Poe, sem contar os contos de fada de Charles Perrault.

Se a arte *naïf* não teve penetração expressiva no universo de ilustrações e iconografias das capas de livro, sua presença crescente mostra o tipo de interesse das camadas cultas europeias no início do século XX, às vésperas do estouro da Grande Guerra.

É esse frescor da visão *naïf* que parece impregnar as capas e as páginas dos livros de José Lins, que confiou a seus amigos a tarefa de transpor para imagens a ambientação escrita dos seus romances. Foram quatro os principais desenhistas das obras de José Lins: Cícero Dias, Luís Jardim, Tomás Santa Rosa e Candido Portinari.

Cícero Dias (1907-2003) foi uma amizade longeva, iniciada ainda nos tempos de Recife, junto a Gilberto Freyre. Pintor do abstracionismo, Cícero identificava-se com Freyre e com José Lins pelo tipo de formação e pelo primitivismo das paisagens verdejantes, pois passou a infância num engenho da Zona da Mata pernambucana.

Radicado em Paris desde os anos 1930, onde veio a reencontrar José Lins em 1950, Cícero foi o primeiro ilustrador de *Menino de engenho*. Marcos Antônio Villaça falava com precisão histórica: "A 23 de julho de 1934 apareceriam simultaneamente *Banguê* e a edição de *Menino de engenho*, a sete milréis o exemplar, com belas capas de Cícero Dias." Por ocasião do lançamento de *Banguê*, José Olympio não esconde o contentamento com suas próprias iniciativas: "— Está vendo a capa? É de Cícero Dias. Interessantíssima, não é?"

Em retribuição às ilustrações, dizia José Lins em um de seus ensaios do livro *Gordos & magros* (1942):

Cícero Dias é pintor assim da terra e da gente de sua região. É tão pernambucano como o massapé, como o frevo, a dolência do maracatu e os pitus da Una. É, como nenhuma outra, a voz do seu povo. [...] O mistério da terra vive nele em estado de gestação constante, parindo canaviais, pretos, cabriolés, moleques, meninos tristes, moças de tranças, enterros, bueiros de engenho, a grande poesia da vida morte, os sonhos tremendos de Cícero. O magro rapaz de olhos pretos e grandes é o gênio da terra pernambucana.

Não seria diferente sua relação com o artista plástico Luís Jardim (1901-1987), natural de Garanhuns (PE), que também conhece em Recife, por intermédio de Gilberto Freyre. Jardim estreia como capista de livros com *O Quinze*, de Rachel de Queiroz. Em seguida, vai fazer a maioria das ilustrações dos livros de José Lins, inclusive o retrato a bico de pena do escritor.

O terceiro amigo-ilustrador dos livros de José Lins foi Tomás Santa Rosa (1909-1956), seu conterrâneo, nascido na capital paraibana. Artista polivalente — cenógrafo, pintor, decorador, figurinista, gravador, professor e crítico —, foi dos primeiros da geração nordestina a se radicar no Rio de Janeiro, em 1932. Quatro anos depois, já em 1936, conhece José Lins e ilustra o livro infantil *Histórias da velha Totônia*.

Santa Rosa trabalhou ao lado de Candido Portinari na realização de seus murais e colaborou como ilustrador na editora José Olympio até 1954. Diretor teatral, Santa Rosa coordenou o setor de teatro do

Museu de Arte Moderna (MAM-RJ). Em 1945, fundou o jornal *A Manhã*, onde desenhou e escreveu no suplemento *Letras e Artes*. Deu cursos na Fundação Getúlio Vargas. Em razão da amizade, José Lins dedicou-lhe um de seus livros.

Ambos faleceram no mesmo ano, 1957, Santa Rosa em Nova Déli, na Índia, onde representava o Brasil em uma conferência da Unesco.

O quarto pintor que colaborou nas ilustrações dos romances de José Lins foi Candido Portinari, um dos mais renomados nomes da pintura brasileira. Sua colaboração se deu de maneira muito peculiar, já na última obra romanesca de José Lins: *Cangaceiros* (1952). A peculiaridade se deveu à forma da publicação do romance, editado em números da revista semanal *O Cruzeiro*. A cada semana um folhetim era acompanhado dos desenhos de Portinari sobre dramas humanos e temas sociais que lhe eram caros: a seca, a fome no Nordeste, a revolta popular, os retirantes, os personagens insurgentes do sertão.

Y

Y de *ipsilone*

> — E gritava a -e -i -o -u... *ipsilone*...
>
> (Jakson do Pandeiro, *Sebastiana*)

O coco *Sebastiana*, de autoria de Rosil Cavalcanti, foi gravado em 1953 por um conterrâneo de José Lins do Rego: o cantor paraibano Jackson do Pandeiro (1919-1982), natural de Alagoa Grande (PB). No eixo Rio–São Paulo, cada vez mais acostumado à presença dos migrantes nordestinos e à recriação das suas tradições musicais populares, como o forró e o baião, as rádios cantavam:

> Convidei a comadre Sebastiana
> Pra dançar e xaxar na Paraíba.
> Ela veio com uma dança diferente
> E pulava que só uma guariba.
> E gritava: a, e, i, o, u, ipsilone...
> (coro repete)

Não seria apenas a gravação de Jackson do Pandeiro que faria alusão a essa esquisita palavra — *ipsilone* — em seu repertório. Outro notório divulgador do forró nordestino nas grandes cidades brasileiras, o cearense Luiz Gonzaga (1912-1989) também se referiu à palavra em uma de suas composições. A referência não vinha marcada no refrão, mas em uma passagem da longa letra, *Apologia ao jumento*. Luiz Gonzaga, em música jocosa, também empregava o *ipsilone* nos versos: "Quem ensina a ler de graça é o jumento/ É assim: 'a, e, i, o, u, ipsilone'..."

A onomatopeia seria facilmente identificável como um abrasileiramento da vigésima quinta letra do alfabeto latino, ou da vigésima do alfabeto grego: o Y. Tratava-se, no entanto, de uma pronúncia nordestina muito peculiar, empregada especialmente naquela palavra estrangeira. Estrangeira porque a letra havia sido proscrita dos dicionários e do formulário ortográfico brasileiro em 1943, tendo sido substituída pelo *i*, letra com o fonema mais próximo do *y*.

Sabe-se que o último acordo ortográfico, de 2009, restaurou não só o Y como outras letras do alfabeto, o K e o W, a fim de se aproximar da escrita de outros países de língua portuguesa. Dessa maneira, o sistema atual conta com um total de 26 letras.

Mais do que discutir as idas e vindas das codificações gráficas e das variações fonéticas, o caso nordestino do ípsilon evidencia para muitos o poder criativo da linguagem oral. A interferência e a capacidade de adaptar as convenções gramaticais originais são um traço da oralidade. A fala espontânea e a comunicação cotidiana transformariam o ípsilon, ou *y*, em sua corruptela *ipsilone*, mais adequada à oralidade e à cantoria.

Para os mais castos, tal alteração significa deformação e ignorância, próprias de uma população pouco instruída, enquanto para outros, menos puristas, tais expressões revelam justamente a criatividade nas suas artes comunicativas do cotidiano.

José Lins do Rego e Gilberto Freyre eram ardorosos defensores dessa segunda visão. Preconizavam a liberdade de expressão e elogiavam a dicção oral. Em *Casa-grande & senzala*, Gilberto dedica longas passagens do capítulo IV — "O escravo negro na vida sexual e de família do brasileiro" — para tratar das diferenças entre língua brasileira e língua portuguesa.

Aquilo que Freyre entende por "língua brasileira" seria resultado da aproximação entre a palavra falada e a palavra escrita, aliás, um dos bordões que embalou o coro descontente dos modernistas da Semana de Arte de 1922.

Em oposição aos padrões bacharelescos e acadêmicos, lembre-se ainda que foi nesse mesmo ano que José Lins do Rego, por ocasião da morte de Lima Barreto, escreveu sua famosa sentença: "Os grandes escritores têm a sua língua· os medíocres, a sua gramática."

Freyre, em imagem metafórica, trata inicialmente da linguagem infantil, para mostrar como o contato da criança com a ama negra, somado ao calor da terra, foi responsável pelo que chama de amolecimento da língua. Esta seria marcada pela rigidez dos vernáculos herdados de Portugal.

Pouco depois de Freyre, o historiador Sérgio Buarque de Hollanda deu exemplos linguísticos semelhantes ao fazer comentários sobre o "homem cordial" no livro *Raízes do Brasil* (1936). A cordialidade própria desse tipo humano nacional requeria a minimização das distâncias sociais. Ele almejava abolir diversas formas artificiais de polidez, ritualizações e hierarquias entre os indivíduos, mediante compartilhamento de valores de fundo emotivo, oriundos do coração.

Essa característica estava presente de modo especial no domínio da vida cotidiana, seja na linguagem, seja nas práticas religiosas. O sufixo *inho*, por exemplo, presente na fala corrente do brasileiro, na atribuição de nomes e apelidos carinhosos, era uma mostra da quebra dos protocolos formais. A tendência evidenciada na terminação procurava trazer ao nível da intimidade pessoas que poderiam estar separadas por classes sociais ou por escalas de poder.

★ ★ ★

Diferentemente de Gilberto e Sérgio, José Lins não foi um teórico dos costumes brasileiros. Não teve formação acadêmica em história, sociologia ou antropologia. Entretanto, como leitor atento e interessado, debruçou-se sobre a obra de intelectuais, inclusive de antropólogos e sociólogos. Com base nessas leituras, de forma um tanto autodidata, ele escreveu suas opiniões sobre a língua nacional e teorizou acerca de nossa linguagem em diversas oportunidades, seja em crônicas, em entrevistas ou em ensaios.

Dentre as heterodoxias do autor, cite-se, por exemplo, a forma pronominal, que era invertida com frequência. José Lins deixava-se levar pela eufonia — "me disse ela" — ou pelo modo de colocação popular dos pronomes — "me alembro" —, práticas que serão levadas ao clímax na obra de João Guimarães Rosa.

O mais interessante, porém, como propõe o crítico Manuel Cavalcanti Proença ao tratar do *ritmo fraseológico*, é identificar os dois aspectos centrais de sua obra em termos linguísticos: a oralidade e o regionalismo. A fala popular, o vocabulário regional e as expressões coloquiais estiveram presentes nos romances de José Lins, assim como as quadras musicais de cantores anônimos nas festas, nas feiras e nos engenhos.

"O zabumba, compassadamente, gemia de longe", dizia em *Fogo morto*. Nesse romance, o personagem José Passarinho se destaca pelo pendor musical, ainda que plangente: "[...] quando ficava na cozinha, cantava baixo aquelas histórias que desde menino ele ouvia, os cantos tristes, as mágoas de amores, as dolências tão do coração do povo" (p. 256).

Gostava de empregar frases feitas, vocábulos, provérbios e ditos populares: "cipó de boi ia cantar no lombo do povo"; "caranguejo ali era mesmo que vaca leiteira, sustentava o povo". Apreciava também a voz humilde dos cantadores, seu ritmo e sua fluência: "todo esse falaço é de gente que não tem o que fazer."

Entre os estudiosos que evitaram simplesmente censurar as subversões do idioma, os liberalismos da gramática e as eventuais infrações de retórica da língua, além da acusação de falta de ornamentação e artesanato literário, vale a pena citar o escritor potiguar Peregrino Júnior. Este preferiu compreender como sinal positivo as inovações e corrupções de língua e estilo por parte do autor. Amigo de longa data de José Lins, Peregrino Jr. estudou aspectos sintáticos e semânticos da obra do escritor depois de sua morte. Assim, publicou em 1968, na *Revista do Livro*, um exame profundo, que se detém em diversos pontos da estilística de José Lins.

Na análise, uma das mais sistemáticas e minuciosas existentes sobre José Lins, Peregrino Jr. se concentra em elementos da sintaxe. Para tanto, considera a concordância, a regência, os substantivos, os verbos, os pronomes, os sintagmas, os expletivos, os conectivos, as locuções adverbiais e os gerúndios empregados pelo autor. O mais comum em José Lins era o emprego do estilo indireto livre ("sem liame sintático"), da parataxe (oração coordenada), dos períodos curtos e das construções populares.

Figuras de estilo também foram analisadas, como hipérboles, metáforas e anacolutos. Analisou ainda a prosódia (entonação), as expressões lexicais e os giros sintáticos, além de coloquialismos e de formas verbais substantivadas.

Em seguida, o autor elenca uma série de palavras incorporadas ao vocabulário literário graças a José

— 258 —

Lins: leso, leseira, genista, pabulagem, enredada, mangar, maldar, aperrear, aperreio, peitica, empeiticar, danar, se danar, latomia, falaço, camumbembe, caviloso, cascavilhar, gatimonhas, pegadio, somiticar, sibites, gorgomio. Somadas a inúmeras outras, estas permitem fazer quase um glossário de termos saídos do universo vocabular do autor.

Assim, as contribuições da prosa de José Lins para a linguagem literária brasileira poderiam ser resumidas em três: a) a incorporação da rítmica popular sertaneja; b) o modernismo do linguajar nordestino e c) a transfiguração da fala coloquial do Nordeste. Este último aspecto faria de José Lins um descendente direto de José de Alencar, que pretendeu "escrever brasileiro", e de Mário de Andrade, que procurou firmar as bases da "fala brasileira".

Tudo isso faz da obra de José Lins uma "riqueza plutocrática de brasileirismos", para resumir nas sábias palavras do crítico paulista Sérgio Milliet.

Z z

Zelinianas

José Lins do Rego tornou-se conhecido ao longo da vida por sua personalidade irreverente. Surpreendia aqueles que se deixavam levar pelos estereótipos e pelos clichês. Ao contrário de um intelectual convencional, a cultivar ares doutos e graves, eventualmente com um *pince-nez* no rosto, o comportamento do autor de *Doidinho* em tudo diferia dos hábitos, das poses supostamente superiores e dos tiques livrescos mais comuns.

Seu tipo humano expansivo não condizia à primeira vista com a imagem-padrão estabelecida para um homem de letras. Brincalhão, José Lins falava alto, contava piadas e discutia futebol na rua com quem quer que o provocasse.

Sem se preocupar com as aparências, o "corpulento escritor" — como o próprio se autodenominava — não fazia da erudição uma camisa de força. Embora fosse erudito ao extremo, leitor por assim dizer pandisciplinar, preferia cultuar um estilo livre, popular e espontâneo, algo que se refletia também em sua forma de escrever.

— 261 —

Um dos episódios mais emblemáticos dessa postura de irreverência diante das convenções artístico-literárias aconteceu por ocasião de sua posse na Academia Brasileira de Letras. A cerimônia ocorreu no dia 15 de dezembro de 1956. Naquela noite solene, o discurso de José Lins na sede da Academia — já localizada no Petit Trianon, no Centro do Rio, antigo prédio do pavilhão francês para a Exposição Internacional de 1922, comemorativa do centenário de Independência do Brasil — surpreendeu a maioria dos convidados presentes e gerou um grande "bafafá" em torno da leitura.

A polêmica dizia respeito menos à forma pela qual leu o discurso e mais ao conteúdo do que vinha dito nele. Ao assumir a vacância da cadeira de número 25, cujo patrono era o poeta Junqueira Freyre (1832-1855) e o ocupante anterior era o magistrado Ataulfo de Paiva (1867-1955) — o terceiro a ocupar aquele assento na história da ABL —, José Lins, na condição de sucessor, esquivou-se de seguir uma tradição cara à Casa.

A expectativa geral era a de que o orador saudasse formalmente a figura de Ataulfo de Paiva. Esperava-se que fizesse ao menos referência cortês ao imortal que o antecedera. A fala de José Lins, no entanto, preferiu não esconder suas opiniões negativas sobre a figura que sucedia. Movido pela franqueza, dizia que se manteria fiel à autenticidade das suas convicções. Além de não homenagear Ataulfo de Paiva, José Lins ainda arrolou críticas ácidas ao personagem que então substituía.

A posse ficou conhecida como uma das maiores quebras de protocolo da história da Academia. Causou espanto e desconforto generalizado entre os presentes ao evento. Diz-se até que, após aquele incidente, todos os demais discursos passaram a ser apresentados por escrito antes da data, a fim de que não se repetissem surpresas indesejáveis como aquela.

Por que José Lins criticou o orador que falecera no ano anterior? O que teria dito de seu antecessor, Ataulfo de Paiva? Que percepção tinha o autor da Academia para a qual ingressava?

Durante muitos anos José Lins recusou as cogitações em torno de seu nome para a ABL. Esta tinha para ele a imagem arrogante dos salões literários, cópias de espaços artificiais que o desagradavam. Os rituais próprios de doutos, sábios e mestres incomodavam o escritor, que se autorrepresentava como um homem simples, com uma escrita ligada ao povo.

Farda, espada e chapéu de dois bicos eram, para ele, sinais de pompa exterior. Tratava-se de instrumentos supérfluos e, em última instância, desnecessários. Declinou dos convites e repudiou durante boa parte da vida os apelos acadêmicos, ou o que quer que se assemelhasse a sofisticações bacharelescas.

A sua autodefinição era a de uma *persona* desapegada, que apreciava cultivar uma humildade franciscana também cara ao poeta Manuel Bandeira. Para isto, procurou antecedentes em outros nomes da literatura brasileira.

E encontrou como exemplo o escritor Paulo Barreto, o tão admirado cronista-repórter que assinava com o pseudônimo de João do Rio, que entrou em 1911 para a ABL. Foi ele um caso típico do que almejava para si. Sobre o autor de *Vida vertiginosa*, exclamou: "Como foi feliz o nosso João do Rio, morrendo na vertigem, em pleno apogeu dos seus paradoxos!"

A contraposição entre o salão das belas-artes, de um lado, e a vida livre das ruas, de outro, fez de José Lins não só alguém que se reivindicava um romancista de paisagens nordestinas, mas acentuava também a sua condição de cronista das cenas cotidianas do Rio de Janeiro. Em sua coluna "Conversa de lotação", José Lins flagrava passagens do dia a dia carioca, com incontido entusiasmo por seus personagens anônimos.

Em crônica de 15 de junho de 1948, oito anos, portanto, antes de ser empossado, publicava na imprensa um texto com o título de "Nada de Academia". Nele, respondia à proposta de um cronista do *Jornal dos Sports*:

> Meu caro Pedro Nunes: Nada de Academia. Eu sou um homem comum que não se dá bem com os imortais. Imortal mesmo só Deus, meu caro Pedro Nunes. A Academia é um magnífico refúgio da sabedoria. E eu não sou um homem sábio. E nem mesmo um homem sabido. E se você, com tanta gentileza, lembrou-se de mim para o fardão, foi lembrança de que, se não partisse de quem partiu, eu diria que era coisa de amigo da onça.

Caro Nunes, pelo que vejo, você quer se ver livre do seu velho amigo, com essa história de fardão, de Academia, de solenidades.

Como poderei torcer pelo Flamengo amarrado nos dourados arreios de luxo?

(*Jornal dos Sports,* 15 de junho de 1948)

Para que se tenha uma dimensão de quão antiga era a aversão de José Lins aos ouropéis da Academia, é possível mencionar uma crônica que data de julho de 1922. Desde esse ano — por sinal, ano emblemático na crítica de vanguarda às tradições acadêmicas — já asseverava: "Para se reconstruir uma literatura é urgente uma porção de impiedade, impiedade contra os figurões que se fazem símbolos à custa de apego às velharias, à traça e à poeira dos imensos volumes dorminhocos."

Quando aceitou se candidatar, em 1955, e resolveu assumir a condição de imortalidade na ABL, no ano seguinte teve, não de se retratar, mas de explicar sua mudança de opinião. Seu discurso de posse tratou, portanto, de tocar nesse delicado ponto e constituiu uma espécie de "acerto de contas" com sua posição no passado.

De início, o discurso de José Lins enfatizou os arroubos juvenis do escritor contra a Academia fundada por Machado de Assis. Salientou o quanto aquela nova investidura havia sido conquistada sem bajulações e sem concessões. No texto lido, José Lins começava com a advertência de que ingressava na

— 265 —

Casa com a sua mesma sinceridade. A nova condição de *imortal* em nada alteraria seu modo de ser, pensar e agir:

> Meus amigos, venho humildemente vos procurar. Não vos quero espantar porque vos desejo o convívio. Não quero mais do que desejei em toda a minha vida: ser um amigo. Não tenho rancores nem simulo bondades. Dou-lhes minha alma despida. E nem o fardão luzente e nem a espada virgem me farão diferente do que sou e quero ser: um homem simples.
>
> (Discurso de posse na ABL, p. 16)

Com esse princípio, discursou sobre o significado da palavra Academia, recorrendo ao filósofo Platão e à experiência coletiva de pensamento nas escolas da Grécia antiga. Em seguida, retraçou alguns episódios históricos da ABL, estipulando o que considerou os erros e acertos nas escolhas da Casa. Recordou, por exemplo, a derrota do romancista cearense Domingos Olímpio para Euclides da Cunha; lamentou a ausência de Monteiro Lobato e saudou a presença de Manuel Bandeira.

A sequência do discurso dedica-se à análise e ao elogio do patrono da cadeira 25, Junqueira Freire, um romântico do século XIX, encarnação do desespero em seus poemas nirvânicos: "Poeta da Morte, poeta das irreverências diante do Eterno, quis o Nada com a violência dos seus sentidos poluídos."

A parte polêmica tem início quando começa a falar de seu antecessor, Ataulfo de Paiva. Ao invés do elogio, põe-se a fazer, como observa Josué Montello, um retrato pintado com verdade e nitidez. José Lins previne a audiência diante do que iria falar sobre o antigo ocupante da cadeira que assumia:

> Aqui não estou para falar mal dos que me antecederam, mas não estaria para mentir às minhas convicções. A Academia merece a verdade de cada um de nós. Isto de engrandecer os mortos com roupa alheia não nos fica bem. Nada de intrujices para ser fiel à convenção. Esta Casa se engrandecerá com a nossa sinceridade. Não estou aqui para me submeter a panos de boca. [...] Não serei um acadêmico protocolar, mas, para vos falar de Ataulfo de Paiva, preciso de coragem.

A partir daí, inicia a descrição da trajetória de Ataulfo. Descreve um personagem ganancioso, movido pela ambição. Este teria buscado a Academia com vistas à autopromoção nas rodas da alta sociedade carioca: "Tudo fazia Ataulfo de Paiva para agradar aos que pudessem servir às suas ambições. Para muitos, vivia dando espetáculos de servidão."

Sem poupar críticas a Ataulfo, que considerava uma minoria na Casa, José Lins resume o percurso do *imortal*: ascensão com início na carreira judiciária, aonde chegou ao Supremo Tribunal Federal, e consolidação do seu *status* com a entrada na ABL, em eleição apoiada por Rui Barbosa. A Academia chamava para o seu convívio alguém que, afinal, fato significativo, não gostava de poesia.

No fechamento de seu discurso, diz:

> Senhores acadêmicos: chego ao fim e vos agradeço a eleição. Não rastejei. Não vos namorei com olhos compridos de namorado impertinente. Destes-me esta cadeira sem esforço e sem trabalho. Agradeço-vos, e serei vosso companheiro sem torcer a minha natureza. O homem José Lins do Rego continuará intacto com as suas deficiências e as suas possíveis qualidades, pronto ao serviço de Machado de Assis, o capitão de todos nós.

★ ★ ★

José Lins não chegou a ver seu discurso publicado em livro. Preparado para a publicação sob a forma de plaquete pela editora José Olympio, o escritor foi internado no mês de julho de 1957, mês previsto para o lançamento do discurso, editado juntamente com o texto de recepção de Austregésilo de Athayde. Uma vez hospitalizado, padeceria por três meses no Ipase (Instituto de Pensão e Aposentadoria dos Servidores do Estado), aos cuidados dos familiares e dos amigos mais próximos, como o jovem poeta amazonense Thiago de Mello.

Mesmo enfermo, publicava suas crônicas nos jornais. À medida que aumentavam as dificuldades para falar, passava a escrever e a deixar bilhetinhos, como lembra a filha Betinha. Segundo ela, poucos dias antes de morrer pediu-lhe lápis e papel e escreveu, em referência à casa da família no Jardim Botânico: "Viva o Garzon 10!"

Um dos últimos textos, quando não tinha mais condições de escrever, foi uma crônica esportiva, que chegou a ser ditada em voz alta e anotada por um amigo, e publicada no dia seguinte no *Jornal dos Sports*.

Recebia visitas frequentes de pessoas importantes, como o presidente da República, Juscelino Kubitschek. Anônimos que admiravam sua literatura também o visitavam, sem contar, é claro, os "irmãos", como chamava carinhosamente os desconhecidos torcedores do Flamengo.

Naqueles primeiros meses do segundo semestre de 1957, José Lins via-se frente a frente com um de seus maiores temores: o medo de morrer. O amigo Valdemar Cavalcanti lembrava: "José Lins do Rego é extremamente sensível aos mistérios da loucura e da morte."

Colocou-se, afinal, face a face com a morte no dia 12 de setembro de 1957. Como num gesto final de cavaleiro a lutar sem trégua, tal qual seu personagem preferido, o herói tresloucado, o capitão Vitorino, de alcunha Papa-Rabo, é bem possível que tenha bradado, ao último suspiro:

"— Com Zé do Rego ninguém pode!"

Cronologia

1901

— Nascimento a 3 de junho, em São Miguel do Taipu, em um engenho na Vila do Pilar, estado da Paraíba. Filho de João do Rego Cavalcanti e Amélia Rego Cavalcanti.

— Falecimento da mãe, nove meses após o parto. Afastamento do pai, que se transfere para um engenho vizinho, o Camará. Passa aos cuidados da tia Maria Lins.

1904

— Vai pela primeira vez a Recife, onde fica hospedado na casa dos primos.

1905

— Casamento de tia Maria, que vai morar no engenho Itapuá. Tia Naninha se torna sua segunda mãe adotiva.

1909

— Falecimento de tia Maria. Tia Naninha casa-se e José Lins vai morar no engenho Ingá. Pouco depois é matriculado pelo padrasto Rui no Internato Nossa Senhora do Carmo, de Itabaiana, onde estuda por três anos.

1912

— Transfere-se para a capital da Paraíba, atual João Pessoa. Inicia os estudos ginasiais. Matricula-se no Colégio Diocesano Pio X, dos irmãos maristas. Na Arcádia do colégio, faz conferência sobre Oliveira Lima.

— Lê o romance de cavalaria *Os doze pares de França* e publica os primeiros artigos, entre eles "Ave, Polônia" e outro dedicado a Joaquim Nabuco, na *Revista Pio X*.

1915

— Muda-se para Recife, onde cursa o Instituto Carneiro Leão e o Colégio Oswaldo Cruz. Termina o secundário no Ginásio Pernambucano.

1916

— Lê *O Ateneu*, de Raul Pompeia, obra que trata do universo escolar e que irá influenciar José Lins na criação do seu segundo romance: *Doidinho*.

1918

— Lê Machado de Assis e entusiasma-se com *Dom Casmurro*. Publica seu primeiro artigo, sobre o jurista Rui Barbosa.

— Início de grande amizade com Olívio Montenegro. Este lhe revela Stendhal e Rousseau. Lê Eça de Queiroz e outros grandes escritores portugueses.

— Publica no *Diário do Estado da Paraíba* o soneto "Ventura morta".

1919

— Matricula-se na Faculdade de Direito de Recife, situada na praça Adolfo Cirne.

1920

— Torna-se amigo de José Américo de Almeida e Osório Borba. Conhece Luís Delgado e Aníbal Fernandes.

1921

— Substitui Barbosa Lima Sobrinho no *Jornal do Recife*. Escreve crônicas dominicais sob a rubrica Ligeiros Traços.

1922

— Polêmica na imprensa com Joaquim Inojosa, defensor no Nordeste da Semana de Arte Moderna, ocorrida em fevereiro, na cidade de São Paulo.

1923

— É diplomado bacharel em Direito na capital pernambucana. Boêmio, José Lins gasta o dinheiro da formatura.

— Funda com Osório Borba o semanário *Dom Casmurro*. Publica artigos panfletários no periódico fundado pelo amigo.

— Conhece o sociólogo Gilberto Freyre, de regresso ao Brasil, depois de temporada no mundo anglo-saxão. Início de uma profícua e duradoura amizade, registrada nos diários de Freyre *Tempo morto & outros tempos*.

— Gilberto o aconselha a assinar os artigos com o nome completo, em vez de apenas com o sobrenome.

— Gilberto introduz o autor na literatura inglesa: D. H. Lawrence e Thomas Hardy.

1924

— Casa-se com Philomena Massa, filha do senador paraibano Antônio Massa. Trinta e três anos de casamento. Com ela tem três filhas: Maria Elisabeth, Maria da Glória, Maria Christina.

— Falecimento do avô, Bubu. Volta ao engenho em que foi criado. Escreve um livro, mas desiste de sua publicação.

— Colaboração na revista *Era Nova*, editada em João Pessoa.

1925

— Transfere-se para Manhuaçu, cidade do interior de Minas Gerais, para onde é nomeado promotor público. Reside por pouco tempo, dedicando-se à literatura. Conhece José de Queiroz Lima.

1926

— Radica-se em Maceió, Alagoas, onde trabalha como fiscal de bancos. Lá conhece Rachel de Queiroz, Graciliano Ramos, Jorge de Lima e Aurélio Buarque de Holanda.

— Assina a *Nouvelle Revue Française*.

— Colabora no *Jornal de Alagoas*.

— Sugere o assunto do poema "Essa nega Fulô" para Jorge de Lima.

1927

— Escreve prefácio para o livro *Poemas*, de Jorge de Lima, marco na conversão do autor do parnasianismo ao modernismo.

1932

— Publica a novela *Menino de engenho*, pela Andersen Editores, em edição custeada pelo próprio autor. Os originais do livro são datilografados pelo amigo Valdemar Cavalcanti.

1933

— Publica o romance *Doidinho.*

— *Menino de engenho* ganha prêmio da Fundação Graça Aranha.

1934

— Publica *Banguê.*

— Passa uma temporada no Rio de Janeiro. Reside alguns meses em casa no bairro do Catete.

— Participa do Congresso Afro-brasileiro, organizado por Gilberto Freyre em Recife.

1935

— Publica *O moleque Ricardo*, que no mesmo ano é traduzido para o russo.

— Nomeado fiscal do imposto de consumo, transfere-se em definitivo com a família para o Rio de Janeiro. Vai morar no bairro de Botafogo.

1936

— Publica *Usina.*

— Lança o livro infantil *Histórias da velha Totônia*, dedicado às três filhas, com ilustrações do pintor e cenógrafo paraibano Tomás Santa Rosa.

1937

— Publica *Pureza*.

1938

— Publica *Pedra Bonita*.

— Em julho, assina prefácio para o livro de Júlio Bello, *Memórias de um senhor de engenho*, número 11 da Coleção Documentos Brasileiros, da Livraria José Olympio, então coordenada por Gilberto Freyre.

— *O moleque Ricardo* é publicado em Moscou.

— O desempenho de Leônidas da Silva na Copa do Mundo da França arrebata o escritor, que se torna fã do Flamengo, clube do jogador.

1939

— Publica *Riacho Doce*.

— Torna-se sócio contribuinte do Clube de Regatas do Flamengo.

1940

— Começa a colaborar no Suplemento Letras e Artes, dirigido por Cassiano Ricardo, no jornal *A Manhã*.

— O cineasta Chianca de Garcia, de origem portuguesa, adapta para as telas o romance *Pureza*, com Procópio Ferreira como ator principal. Primeira adaptação para o cinema. Os originais do filme não seriam conservados, restando apenas algumas imagens.

— Traduz o livro biográfico *A vida de Eleonora Duse*, de E. A. Rheinhardt.

1941

— Como fiscal do imposto de consumo, no estado do Rio, cuja capital então era Niterói, reside por um tempo em Cabo Frio.

— Publica *Água-mãe*, que tem como cenário a Região dos Lagos.

— Prêmio da Sociedade Felipe de Oliveira ao romance *Água-mãe*.

1942

— Lançamento do livro *Gordos e magros*, reunião de ensaios e artigos de jornal do escritor na fase alagoana (1926-1935) e na fase carioca. A obra é lançada pela CEB (Casa do Estudante do Brasil), entidade fundada em 1929 pela poetisa Ana Amélia Carneiro de Mendonça.

— Em parceria com Rachel de Queiroz, Graciliano Ramos, Jorge Amado e Aníbal Machado, escreve capítulo do romance *Brandão, entre o mar e o amor*, encomendado pela Martins Editora.

1943

— Publica em fevereiro aquela que vem a ser a sua obra-prima, *Fogo morto*, com prefácio do escritor austríaco Otto Maria Carpeaux.

— Profere a conferência "Pedro Américo", lida no Salão da Sociedade dos Amigos de Alberto Torres, no dia 10 de maio. A palestra será editada em livro pelo Departamento Cultural da Casa do Estudante do Brasil, no mesmo ano.

— Assina prefácio do livro *Copa Rio Branco, 32*, de Mário Rodrigues Filho.

— Vera Pacheco Jordão Pereira, mulher de José Olympio, sugere o nome geral de "ciclo da cana-de-açúcar" para a série dos primeiros romances de José Lins do Rego.

— A convite de Roberto Marinho, começa a colaborar diariamente no jornal *O Globo*. Além de comentários políticos e de críticas de cinema, cria a coluna "Conversa de Lotação", onde trata de aspectos da vida do Rio de Janeiro.

— A convite de Assis Chateaubriand colabora para *O Jornal*, periódico onde se destaca pelas crônicas intituladas "Homens, Seres e Coisas".

— Participa da diretoria do Flamengo e torna-se, por eleição, secretário-geral da CBD (Confederação Brasileira de Desportos).

1944

— O Flamengo é tricampeão carioca de futebol. Júbilo do escritor, presente ao estádio da Gávea, na final contra o Vasco da Gama. Gol de Valido aos 44 minutos do segundo tempo.

— Desempenha funções no Conselho Nacional de Desportos (CND), órgão pertencente ao Ministério da Educação e Saúde (MES), cujo chefe de gabinete é Carlos Drummond de Andrade.

— Viaja pela primeira vez para fora do Brasil, em missão cultural do Ministério das Relações Exteriores do Brasil. Visita o Uruguai. Na Argentina, profere conferências no Colégio Livre de Estudos Superiores de Buenos Aires.

1945

— A convite de Mário Rodrigues Filho, seu colega de *O Globo*, passa a assinar crônicas esportivas no *Jornal dos Sports*, na coluna "Esporte e Vida". Na companhia de Mário Filho, José Lins frequenta diversos estádios de futebol do Rio de Janeiro, torcendo pelo Flamengo.

— Publica o livro de crônicas e ensaios *Poesia e vida*, pela editora Universal.

1946

— Publica o livro *Conferências no Prata: tendências no romance brasileiro, Raul Pompeia e Machado de Assis*. A obra se baseia em suas palestras na Argentina dois anos antes.

1947

— Publica o undécimo romance, *Eurídice*, ambientado no Rio de Janeiro.

— Prêmio Fábio Prado para *Eurídice*.

— Filia-se ao Partido Socialista Brasileiro (PSB).

— Traduções na Argentina para *Fogo morto* e *Pedra Bonita*.

1948

— Torna-se sócio proprietário do Clube de Regatas do Flamengo.

1950

— Primeira viagem à Europa. José Lins conhece Paris, a convite do governo francês.

— Assume a presidência interina da Confederação Brasileira de Desportos (CBD). Como representante da entidade, assiste à partida da Seleção no Pacaembu, contra a Suíça.

— A 17 de junho, a Seleção Brasileira de futebol é derrotada pelo Uruguai na final da Copa do Mundo. José Lins do Rego, presente ao Maracanã, chora no estádio. Escreve a crônica "A derrota".

1951
— José Lins embarca para a Europa como chefe de delegação do Clube de Regatas do Flamengo. A equipe de futebol disputa partidas na Suécia, na França e em Portugal. Neste último país é recebido para almoço pelo escritor português Miguel Torga, que faz discurso de recepção a José Lins.

1952
— Publicação da obra *Bota de sete léguas*, primeiro livro de viagens do escritor. O livro é publicado pela editora do jornal *A Noite*.

— Publica *Homens, seres e coisas*, livro de crônicas, com nome da coluna assinada em *O Jornal*. O livro integra a coleção Cadernos de Cultura, dirigida pelo paraibano Simeão Leal.

— Publicação do livro *José Lins do Rego*, com ensaios de Otto Maria Carpeaux, Álvaro Lins e Franklin M. Thompson.

— A revista *O Cruzeiro* publica folhetins semanais com capítulos do romance *Cangaceiros*, ilustrado por Candido Portinari.

— Em Pilar, sua cidade natal, a prefeitura inaugura busto de José Lins do Rego em praça pública.

— 280 —

1953

— Publica *Cangaceiros*.

— Sai em francês, com o título de *L'enfant de la plantation*, a novela *Menino de engenho*, obra de estreia de José Lins do Rego. Traduzido pela editora Deux Rives, o prefácio é assinado por Blaise Cendrars.

— José Lins embarca para Lima, capital peruana, como chefe de delegação da Seleção Brasileira no Campeonato Sul-americano, vencido pelo Paraguai. É recebido pelo embaixador Waldemar Araújo.

— Brasil é desclassificado do torneio e José Lins se desentende com o jogador Zizinho, em polêmica na imprensa. O desentendimento faz o escritor se afastar da crônica esportiva.

1954

— Publicação de *A casa e o homem*, livro de ensaios em que, sob influência de Gilberto Freyre, acentua as preocupações ecológicas e arquitetônicas. A obra é editada pelas Organizações Simões, pequena editora do proprietário Antônio Simões dos Reis, criada em 1949.

— Participa da delegação esportiva que vai à Copa do Mundo da Suíça. O escritor é um dos responsáveis por angariar fundos para a viagem.

— Viagem à Finlândia, em visita à filha Cristina, casada com um diplomata brasileiro.

— Consulado dos Estados Unidos nega visto de entrada no país.

1955

— O Flamengo é tricampeão estadual pela segunda vez. No vestiário do Maracanã, eufórico, o escritor abraça o meio-campista rubro-negro Servílio.

— Viagem a Israel, a convite do consulado. Crônicas da visita ao Oriente Médio são publicadas no jornal *O Globo* e reunidas em livro bilíngue — inglês/português — com ilustrações do país. A publicação fica a cargo do Centro Cultural Brasil-Israel.

— Visita a filha na Grécia.

— Depois de resistir por anos a fio, José Lins candidata-se e vence a disputa para a cadeira de número 25 da Academia Brasileira de Letras, a 15 de setembro daquele ano.

— Encenação em São Paulo da peça *Fogo morto*, adaptação de José Carlos Cavalcanti Borges do livro de José Lins.

1956

— Publica o livro de memórias *Meus verdes anos*, dedicado ao neto.

— Última viagem à Europa, com nova visita à Grécia, onde passa três meses.

— Em Roma é publicada a versão italiana de *Fogo morto* (*Fuoco spento*). A tradução é feita por Luciana Stegagno Picchio, especialista em estudos literários de língua portuguesa, autora de *História da literatura brasileira* (1997). O romance é editado pela Fratelli Bocca Editiori.

— Noite de posse na cadeira de número 25 da ABL, a 15 de dezembro, recebido por Austregésilo de Athayde

O discurso é publicado pela editora José Olympio, e considerado uma quebra de protocolo da ABL, pois o autor ataca o patrono da cadeira que assume, o ex-ministro Ataulfo de Paiva.

1957

— Em janeiro, volta a escrever no *Jornal dos Sports*.

— Publicação do segundo livro de viagens, intitulado *Gregos e troianos*, com crônicas da visita às cidades da Grécia e de diversos países europeus. A obra é publicada pelo empresário e amigo Adolpho Bloch, a quem o livro é dedicado.

— Falecimento do escritor, à 1h15 do dia 12 de setembro, depois de três meses de internação no Hospital dos Servidores do Estado, assistido pela família e pelo amigo Thiago de Mello. Diagnóstico: cirrose do fígado, síndrome hepatorrenal e acidose urêmica.

— O escritor é exposto em câmara-ardente e sepultado no mausoléu da ABL, no cemitério São João Batista, com a bandeira do Flamengo estendida sobre a tumba funerária.

— Na Câmara dos Deputados, Carlos Lacerda profere comovido discurso em homenagem póstuma a José Lins do Rego, logo após seu falecimento.

1958

— Publicação póstuma do livro de crônicas e ensaios *O vulcão e a fonte*. O livro é organizado pelo poeta e amigo Lêdo Ivo, autor de uma antológica apresentação à obra, e editado pela gráfica da revista *O Cruzeiro*, onde o escritor colaborava.

1960
— *Cangaceiros* é publicado em Moscou.

1961
— O professor da USP, José Aderaldo Castelo, publica *José Lins do Rego: modernismo e regionalismo.*

1965
— O diretor Walter Lima Jr. dirige o filme *Menino de engenho.* O longa-metragem é produzido por Glauber Rocha, no auge do Cinema Novo. Músicas de Villa-Lobos e Alberto Nepomuceno.

1966
— *Menino de engenho* é traduzido nos Estados Unidos. Sai na Romênia *O moleque Ricardo.*
— João Peregrino Júnior publica pela editora Agir, dentro da coleção "Nossos Clássicos", *José Lins do Rego: romance.*

1969
— A primogênita Maria Elisabeth, a Betinha, volta ao engenho em que o pai cresceu para produzir o premiado documentário *José Lins do Rego.* Com roteiro e direção de Valério Andrade, e fotografia de Mário Carneiro, o curta-metragem é premiado pelo Instituto Nacional do Cinema.

1971
— Edilberto Coutinho edita antologia de José Lins do Rego, sob os auspícios do Instituto Nacional do Livro (INL).

— Maria Clara Machado integra um conto de *Histórias da velha Totônia* em *O livro de ouro de história*.

1972
— *Menino de engenho* é traduzido na Coreia.

1974
— Em Milão, publica-se versão italiana de *O moleque Ricardo* (*Il treno di Recife*).

1976
— Lançamento do filme *Fogo morto*, adaptação da obra homônima de José Lins do Rego. Com direção de Marcos Farias, roteiro de Salim Miguel e participação de Ângela Leal, Jofre Soares e Othon Bastos.
— Sob o título de *Ficção completa*, a editora Nova Aguilar publica em dois tomos os romances de José Lins do Rego. A edição tem estudo introdutório de Josué Montello, apresentação do amigo João Condé e apêndice de Carlos Lacerda.

1977
— São editadas as versões em quadrinhos de dois romances de José Lins: *Menino de engenho* e *Cangaceiros*. Ambos são ilustrados por André Le Blanc.

1979
— Heitor Maroja cria a Fundação Menino de Engenho, sediada na Casa de Câmara e Cadeia de Pilar, mesmo local por onde passou dom Pedro II em sua viagem ao Nordeste em 1859.

1980
— Eduardo Martins organiza o livro *José Lins do Rego: o homem e a obra*.

1981
— Heloísa Toller Gomes publica *O poder rural na ficção*, no qual compara José Lins e o escritor norte-americano William Faulkner, fruto de uma tese orientada por Silviano Santiago na PUC-Rio.

— Ivan Junqueira organiza o volume *Dias idos e vividos*.

1982
— O professor da USP, Benjamin Abdala Júnior, publica livro didático sobre o escritor, na série Literatura Comentada, da editora Abril.

— Número especial da revista *Ciência & Trópico*, da Fundação Joaquim Nabuco, dedicado a José Lins, com reunião do ciclo de palestras em homenagem ao escritor, realizado em Recife no ano anterior.

— Cinquentenário de *Menino de engenho*.

1985
— Criação do Museu José Lins do Rego, na Paraíba.

1986
— A Rede Globo de Televisão lança a mininovela *Riacho Doce*, dirigida por Aguinaldo Silva, com Fernanda Montenegro, Vera Fischer e Carlos Alberto Ricelli no elenco.

— Sônia Bronzeado defende tese na PUC-Rio sobre José Lins, com orientação de Silviano Santiago: "O messianismo e o cangaço na ficção nordestina."

1988

— Início do Projeto Ateliê de José Lins do Rego, dirigido pela pesquisadora Sônia Maria van Dijck Lima, do Departamento de Letras da Universidade Federal da Paraíba (UFPB). A professora e sua equipe trataram de organizar e analisar os arquivos do autor, mormente a parte epistolar, dividida em três séries: 1) "Meu caro Lins" (cartas de Olívio Montenegro); 2) "Retalhos de amizade" (correspondência passiva); 3) "Cartas de Gilberto Freyre". O projeto se estendeu até 2001.

1991

— Ângela Bezerra e Eduardo Coutinho organizam o volume *José Lins do Rego*, dentro da coleção Fortuna Crítica, da editora Civilização Brasileira.

1993

— Edilberto Coutinho organiza o volume *Zélins, Flamengo até morrer!*, um levantamento das 1.571 crônicas esportivas de José Lins do Rego no *Jornal dos Sports*.

2001

— Centenário de nascimento do escritor. Exposições, ciclos de debate e reportagens de jornal relembram a obra do autor. A Academia Brasileira de Letras lança concurso e premia o jornalista Luciano Trigo por estudo original sobre o escritor. O trabalho é publicado com o título de *Engenho e memória: o Nordeste do açúcar na ficção de José Lins do Rego*.

2002
— A editora José Olympio lança *Flamengo é puro amor*, antologia organizada por Marcos de Castro, com 111 crônicas do escritor.

2007
– O cineasta paraibano Vladimir Carvalho dirige o documentário *O engenho de Zé Lins*. Sucesso de crítica, o filme fica várias semanas em cartaz nas salas de cinema do Rio de Janeiro e de São Paulo.

2010
— A José Olympio publica a centésima edição de *Menino de engenho*, com apresentação de Ivan Cavalcanti Proença.
— Início da restauração do engenho Corredor, no Pilar (PB), onde José Lins passou a infância. A medida é anunciada pelo diretor do IPHAEP (Instituto do Patrimônio Histórico e Artístico do Estado da Paraíba), Damião Ramos Cavalcanti, com base no decreto de tombamento do complexo patrimonial, datado de 2 de dezembro de 1998.

2011
— Os 110 anos de nascimento do escritor são comemorados na Academia Brasileira de Letras. Parte das homenagens é prestada pelo Clube de Regatas do Flamengo. A presidente do clube, Patrícia Amorim, o técnico e os jogadores do time participam das comemorações, com visita à ABL. O ídolo Ronaldinho Gaúcho entrega a camisa oficial do clube, com o nome de José Lins do Rego, e recebe dos acadêmicos um exemplar de *Flamengo é puro amor*.

Referências bibliográficas

Obras e artigos

Barros, Souza. *Um movimento de renovação cultural.* Rio de Janeiro: Cátedra, 1975.

Castello, José Aderaldo. *José Lins do Rego: modernismo e regionalismo.* São Paulo: Edart, 1961.

Chaguri, Mariana. *O romancista e o engenho: José Lins do Rego e o regionalismo nordestino dos anos 1920 e 1930.* São Paulo: Aderaldo & Rothschild; Anpocs, 2009.

Coutinho, Eduardo F.; Castro, Ângela Bezerra de (org.). *José Lins do Rego: fortuna crítica.* Rio de Janeiro: Civilização Brasileira, 1991.

Eulálio, Alexandre. *A aventura brasileira de Blaise Cendrars.* São Paulo: Edusp, 2001.

Faustino, Mário. *O homem e sua hora e outros poemas.* São Paulo: Companhia das Letras, 2009.

Freyre, Gilberto. *Vida, forma e cor.* Rio de Janeiro: Record, 1987.

Levine, Robert M. *A velha usina: Pernambuco na federação brasileira, 1889-1937.* Rio de Janeiro: Paz e Terra, 1980.

Lewin, Linda. *Política e parentela na Paraíba: um estudo de caso da oligarquia de base familiar.* Rio de Janeiro: Record, 1987.

Lima, Sônia Maria van Dijck; Figueiredo Júnior, Nestor. *Cartas de Gilberto Freyre: correspondência passiva de José Lins do Rego.* João Pessoa: Edições Funesc, 1997.

Lins, Álvaro. *O romance brasileiro contemporâneo.* Rio de Janeiro: Edições de Ouro, 1967.

———. *A técnica de romance em Marcel Proust.* Rio de Janeiro: José Olympio, 1956.

Lopes, José Sérgio Leite. "Relações de parentesco e de propriedade nos romances do 'ciclo da cana' de José Lins do Rego." In: Velho, G. (org.). *Arte e sociedade: ensaios de sociologia da arte.* Rio de Janeiro: Zahar Editores, 1977.

Mello, Evaldo Cabral. *Rubro veio: o imaginário da restauração pernambucana.* Rio de Janeiro: Topbooks, 1997.

Moog, Vianna. *Heróis da decadência: Petrônio/Cervantes/Machado de Assis.* Rio de Janeiro: Civilização Brasileira, 1964.

Nosso Século. São Paulo: Abril Cultural, 1980. 5 volumes.

Oliveira, Lúcia Lippide. *A sociologia do guerreiro.* Rio de Janeiro: Ed. UFRJ, 1995.

Pandolfi, Dulce. *Pernambuco de Agamenon Magalhães.* Recife: Fundação Joaquim Nabuco, 1984.

Rego, José Lins. *Banguê*. Rio de Janeiro: José Olympio, 2007, 22ª ed.

——. *Discurso de posse e recepção na Academia Brasileira de Letras*. Rio de Janeiro: José Olympio, 1957.

——. *Ficção completa*. Rio de Janeiro: Nova Aguilar, 1976, 2 volumes.

——. *Flamengo é puro amor*. Rio de Janeiro: José Olympio, 2002.

——. *Fogo morto*. Rio de Janeiro: José Olympio, 1983.

——. *Gordos e magros*. Rio de Janeiro: Casa do Estudante do Brasil, 1942.

——. *Gregos e troianos*. Rio de Janeiro: Bloch Editores, 1957.

——. *Homens, seres e coisas*. Rio de Janeiro: Ministério da Educação e Saúde, 1952.

——. *L'enfant de la plantation*. Paris: Deux Rives, 1953.

——. *Menino de engenho. Doidinho. Banguê*. (Romances reunidos e ilustrados.) Rio de Janeiro: José Olympio, 1960.

——. *Meus verdes anos*. Rio de Janeiro: José Olympio, 1980.

——. *O cravo de Mozart é eterno: crônicas e ensaios*. Rio de Janeiro: José Olympio, 2004.

——. *O moleque Ricardo*. Rio de Janeiro: Nova Fronteira, 1984.

——. *O vulcão e a fonte*. Rio de Janeiro: Edições O Cruzeiro, 1958.

――. *Roteiro de Israel*. Rio de Janeiro: Centro Cultural Brasil-Israel, 1955.

――. *Usina*. Rio de Janeiro: José Olympio.

Rodrigues Filho, Mário. *Copa Rio Branco, 32*. Rio de Janeiro: Irmãos Pongetti, 1943.

Rónai, Paulo (org.) *Aurélio: seleta em proza e verso*. Rio de Janeiro: Nova Fronteira, 1999.

Schwartz, Stuart B. *Segredos internos: engenhos e escravos na sociedade colonial, 1550-1835*. São Paulo: Companhia das Letras, 1997.

Soares, Lucila. *Rua do Ouvidor, 110*: *uma história da Livraria José Olympio*. Rio de Janeiro: José Olympio, 2007.

Torga, Miguel. *Ensaios e discursos*. Lisboa: Dom Quixote, 2001.

Trigo, Luciano. *Engenho e memória*: *o Nordeste do açúcar na ficção de José Lins do Rego*. Rio de Janeiro: Academia Brasileira de Letras; Topbooks, 2002.

Ventura, Roberto. *Estilo tropical*. São Paulo: Companhia das Letras.

Villaça, Antônio Carlos. *José Olympio*: *o descobridor de escritores*. Rio de Janeiro: Thex Editora, 2001.

Conferência

Academia Brasileira de Letras. Ciclo Comemorativo do Centenário de Nascimento de José Lins do Rego. 2001.

Este livro foi impresso nas oficinas da
DISTRIBUIDORA RECORD DE SERVIÇOS DE IMPRENSA S.A.
Rua Argentina, 171 – Rio de Janeiro, RJ
para a EDITORA JOSÉ OLYMPIO LTDA.
em abril de 2012

★

80º aniversário desta Casa de livros, fundada em 29.11.1931